Heilwissen für die moderne Hexe

Hexenmagie, Reiki und schamanische Techniken

von

Nerthus von Norderney

Weitere Bücher von *Nerthus von Norderney*:

Nerthus´ Buch der Schatten, Die Alte und Neue Magie der Hexen – Ein Leben mit der Göttin, Bohmeier Verlag, 2002, ISBN 978-3-89094-374-8

Nordische Magie, Magisches Arbeiten mit Freyja, Seidr Yggdrasil und den Runen, Bohmeier Verlag 2006, ISBN 978-3-89094-474-3

Puppenmagie & Figurenzauber, Sympathie-Magie für alle Lebenslagen, Bohmeier Verlag 2006, ISBN 978-3-89094-473-9

Ouija, Tore zu anderen Welten durch Rituale und Séancen, 2007, ISBN 978-3-89094-545-3

Shapeshifting, Die Magie des Gestaltwandelns, 2008, ISBN 978-3-89094-584-2

Ausführliche und aktuelle Informationen im Internet unter: www.magie-pur.de

Gesamtherstellung: Bohmeier Verlag, Printed in Germany

ISBN 978-3-89094-626-9

Inhaltsverzeichnis

Wichtige Hinweise:

Alle in diesem Buch erwähnten Anwendungen und Übungen setzen eine körperliche, geistige und seelische Gesundheit voraus.
Alle von dir angewendeten Übungen, Zauber, Heilrituale und Anwendungen aus diesem Buch machst du auf deine eigene Verantwortung. Heilzauber, Reiki und schamanische Techniken regen die körpereigenen Selbstheilungskräfte an.
Heilanwendungen ersetzen weder die Diagnose oder Behandlung durch einen Arzt oder Heilpraktiker noch verschriebene Medikamente. Geistige Heilmethoden stehen nicht in Konkurrenz zur Schulmedizin, zu therapeutischen oder alternativen Therapien, können aber unterstützend dazu eingesetzt werden und spürbare Ergebnisse erzielen.

Widmung

Für meine beiden Cinciarellas, die im Januar 2006 ins Reich der gefiederten Göttin gegangen sind.

Für alle, die mir am Herzen liegen…

Außerdem widme ich dieses Buch all den Menschen, die im Namen ihres Glaubens und ihrer Spiritualität und durch die Macht der Göttin, der Ahnen und Mutter Erde – sich selbst und andere – mit Liebe, Wissen und Leidenschaft heilen.
Möge die Kraft des Heilens und der Liebe mit dir sein.

Vorwort

Seitdem wir wissen, dass Körper, Geist und Seele eine Einheit bilden, wissen wir auch, dass Heilung nur auf allen Ebenen stattfinden kann.
Hexen, Magierinnen, Wiccanerinnen, Schamaninnen und Zauberinnen dieser Welt kennen die spirituellen Geheimnisse der Heilung.
Sie setzen Magie und andere spirituelle Anwendungsmöglichkeiten (Reiki, schamanische Techniken etc.) als Kommunikation zwischen den Menschen, Mutter Erde, den Gottheiten, der Tier-, Pflanzen- und Ahnengeister ein.

Hexen erlernen und arbeiten mit Magie,
sehen die Verbindung aller Dinge dieser Erde,
um zu heilen, wo die Seele weint und der Körper schmerzt.
Sie geben Liebe und Vergebung,
wo Neid, Hass und Gier ist.
Sie spenden Mitgefühl und Glauben,
wo Grausamkeit und Elend ist.
Sie lernen, auf das zu reagieren, das falsch ist,
um mit dem zu antworten, das richtig ist.[1]

Magie und andere spirituelle Techniken dienen dem Gleichgewicht, um negative Energie in positive zu verwandeln. Das gilt in erster Linie für uns selbst und dann auch für unsere Gemeinschaft.
Im Klartext bedeutet das, dass wir erst uns selbst heilen müssen, bevor wir andere heilen können.
Seit der Entdeckung des erstes Grabes einer Schamanin[2] in Israel, das ca. 12.000 Jahre alt ist, ist klar geworden, dass Frauen schon immer als Heilerin für ihre Gemeinschaft gewirkt haben.[3]
Sie heilen mit Gesängen, Trommeln, Tänzen, Kräutern, Fetischen, Magie, Puppen, Handauflegen, Krankheiten aussaugen oder einfach nur, indem sie zuhören.
Viele Menschen entdecken heute einige dieser Fähigkeiten bei sich selbst und es ist wichtig, dass sie uns erhalten bleiben.
Seit dem Tod meiner besten Freundin Gisela im September 1998 beschäftige ich mich mit Hexenheilwissen und schamanischen Techniken. Als sie damals

---

1 Worte nach Phyllis Curott, Autorin der Bücher „Spirituelle Magie" und „Im magischen Zirkel".

2 http://www.welt.de/wissenschaft/article2678379/Menschenfuss-als-Grabbeigabe-fuer-Schamanin.html

3 Da ich eine Frau bin, schreibe ich hier auch meistens in der weiblichen Form. Natürlich sind Männer, die ihre heilerischen Fähigkeiten entdecken möchten, herzlich willkommen.

schwerkrank im Krankenhaus lag und Wochen später an Lungenkrebs starb, fühlte ich mich in dieser Zeit sehr hilflos. Und ich hatte mir damals geschworen, dass ich nie wieder so hilflos sein möchte, wenn jemand krank ist. Mir ist klar, dass ich ihr schon geholfen hatte, einfach nur, indem ich bei ihr war und das getan habe, was sie sich wünschte. Aber jedes Mal, wenn ich wieder nach Hause ging, wusste ich, dass sie bald sterben würde. Ich wusste auch, dass ich das nicht hätte verhindern können.
Februar 2002 wurde meine Katze Teufelchen sehr krank. Neben den Medikamenten, die mir der Tierarzt verschrieb, hatte ich ihr mit der schamanischen Technik des Herausziehens[4] zeitweise Erleichterung schaffen können. Sie starb dann im Juli, mit knapp 16 Jahren. Zu diesem Zeitpunkt wurde meine Katze Toyah krank. Sie nahm die tierärztliche Behandlung an und meine Nähe. Vier Monate später verstarb auch sie.
Am 25.3.2005 hatte ich folgenden Traum, der mich wieder verstärkt daran erinnerte, auf meinem Weg zu bleiben.

Ich träumte,
dass ich die Augen öffnete und wie aus einem Nebel heraus den hölzernen Drachenkopf eines Wikingerschiffes sah. Es kam auf mich zu und hielt an.
„Los, nun geh´ schon“, sagte eine Frauenstimme hinter mir und schubste mich auf den Steg, der das Ufer mit dem Schiff verband.
Ich schaute an mir herunter und sah an mir eine sehr ungewöhnliche Kleidung: Fellstiefel, eine graue Hose, einen breiten Ledergürtel, an dem ein Schwert hing. Mein Umhang war in einem satten Rot.
Ich spürte, dass ich ein Mann (jedenfalls war ich wie einer gekleidet) und ungefähr 18 Jahre alt war. Plötzlich fiel mir ein, dass ich diesmal mit auf große Fahrt gehen sollte.
Also folgte ich der Frauenstimme und betrat das Schiff.
Viele Männer waren bereits dort, ähnlich gekleidet wie ich. Ich schien allerdings der Jüngste zu sein.
Als ich mich umdrehte, sah ich viele Frauen und Kinder und alte Männer, die uns verabschiedeten.
Die Fahrt ging los und das Schiff bewegte sich durch Wind und Regen, Sonne und Sturm. Nacht für Nacht, Tag für Tag.
Wir wurden nass und wir trockneten auch wieder…immer wieder und immer wieder.
Wir fuhren stetig Richtung Westen. Die Tage waren langweilig, weil außer Wasser und Wolken nichts weiter zu sehen war.

---

4 Ich nenne das, was ich mache, lieber Herausziehen als Heraussaugen, weil ich es mit den Händen mache und nicht mit dem Mund.

Und dann kam der Tag, an dem sich alles für mich ändern sollte.
Einer der Männer hatte herausbekommen, dass ich mit seiner Frau geschlafen hatte, während er das Jahr zuvor auf großer Fahrt war.
Er war so wütend, dass er mich zu einem Kampf herausforderte. Ich zog mein Schwert mit der rechten Hand und kämpfte so gut es ging, aber ich hatte keine wirkliche Chance gegen diesen wütenden Menschen.
Bei einer ungeschickten Drehung traf er mich in die rechte Seite und durchbohrte sie bis zur Wirbelsäule. Dann hieb er auf meinen rechten Arm ein und ich ging vollkommen zu Boden.
Die anderen Männer hielten ihn zurück, damit er mir nicht den Gnadenstreich verabreichen konnte.
Wir hatten keinen Heiler an Bord und die Wunden brannten und eiterten. Ich lag auf alten Decken und vegetierte vor mich hin.

Plötzlich rief jemand „Land in Sicht". Die Männer jubelten und gingen an Land. Irgendetwas sagte mir, dass es Neufundland sei.
Irgendwann neigte sich jemand zu mir herunter und meinte, dass mir wohl nicht mehr zu helfen sei. Sie warfen mich an Land und verschwanden.
Da kam ein großer Vogel und breitete seine Flügel über mich aus, krallte sich bei mir ein und nahm mich mit. Ich konnte nicht sehen, wohin es ging. Ich wurde ohnmächtig.
Als ich wieder aufwachte, lag ich in einer Hütte auf weichen Fellen. Meine Wunden waren versorgt worden und es ging mir besser. Allerdings würde ich nie wieder richtig gesund werden. Die Schwerthiebe waren zu tief und es hatte zu lange gedauert, bis die Wunden verarztet wurden.

Ein junger Mann mit Kopfschmuck aus Federn kam auf mich zu und sagte etwas in einer fremden Sprache zu mir. Erst verstand ich ihn nicht, aber als ich mir keine Mühe mehr gab, ihn zu verstehen, kam die Stimme von innen.
„Wir müssen noch deine inneren Wunden heilen", sagte er und begann ein Ritual, bei dem ich wieder weggetreten bin, nach dem er mir einen Trank gegeben hatte. Ich hörte nur Trommeln, sah bunte Lichter und ich hörte wieder seine Stimme: „Du bist der verwundete Heiler. Wenn du wieder bei Kräften bist, musst du anderen helfen."
Ich blieb bei dem Schamanen. Er war es auch, der mich als Adler mitgenommen und gerettet hatte.
Wir lebten beide in seiner Hütte und hatten ein sehr inniges Verhältnis.
Ich lernte alle seine Rituale, tanzten bis zur Bewusstlosigkeit und heilten gemeinsam andere Menschen, obwohl ich nie richtig gehen konnte und häufig Schmerzen hatte.

Ungefähr drei Monate nach diesem Traum erkrankte mein Mann an einem Hirntumor, der im August 2005 erfolgreich mit Gamma Knife bestrahlt wurde. In dieser schwierigen Zeit hatte ich mir von verschiedenen Geistheilern und Reiki-Meistern Hilfe geholt, weil ich jede Unterstützung gebrauchen konnte. Ich selbst war zu dieser Zeit kaum in der Lage heilwirkend tätig zu sein und brauchte für unseren Alltag all meine Kraft.
So kam ich verstärkt mit Reiki in Kontakt und las einige Bücher dazu. Da mir die „universelle Lebensenergie" sehr viel gab, ließ ich mich zwischen Juli 2005 und Juli 2006 in Usui Reiki, in Ama Deus Shamanic Healing[5] und Ma'heo`o Reiki einweihen, einer amerikanischen Variante des Reiki unter Berücksichtigung der Spiritualität der Ureinwohner Amerikas.
2006 bis 2007 machte ich verschiedene Kurse zu den Themen Schamanisches Heilen, Geistiges Heilen, Tierkommunikation und Reiki für Tiere.
Seitdem arbeite ich mit allen spirituellen Techniken, die ich gelernt habe und erfahren durfte, immer in Hinblick auf das Wesen, das ich behandle. Da wir alle so verschieden sind, kommt auch immer eine andere Technik zum Zuge.
Mittlerweile wende ich Reiki, Magie und schamanische Techniken gemeinsam an oder auch getrennt voneinander.
Immer wieder eröffnen sich mir neue Anwendungsmethoden, wenn mich jemand um eine Anwendung bittet.
In diesem Buch teile ich alle meine magischen Techniken mit dir, die ich bisher erfahren durfte. Mit diesem Wissen kannst du lernen, dir selbst zu helfen, anderen Wesen und auch Mutter Erde.
Du kannst alles so übernehmen oder verändern, wie du es für richtig hältst. Wichtig ist, dass du zwei Dinge verstehst:

1. Wenn du deine heilerischen Fähigkeiten entdeckt hast, gibt es kein Zurück mehr. Das kann manchmal ein sehr harter und steiniger Weg sein, aber mit diesem Buch und deiner eigenen Intuition schaffst du das.
2. Das Allerwichtigste ist jedoch, dass du lernst, auf dich und nur auf dich zu vertrauen. Wenn du genug Wissen und Experimente gemacht hast (letztere wirst du immer wieder machen), dann kannst du alles Weitere aus dir selbst herausholen. Wenn du eine Behandlung für jemanden machen möchtest, dann setze dich ganz in Ruhe irgendwo hin und meditiere. Bitte in dieser Meditation deinen Geistführer darum, wie du deinem Patienten helfen kannst. Vertraue auf die Antwort, die dann kommt. Und das ist der Zeitpunkt, an dem du dich wirklich Heilerin nennen kannst.

---

[5] Ama Deus Shamanic Healing ist eine Energie Heiltechnik, die seit 6.000 Jahren von den Guarani Ureinwohnern, die tief im Amazonas Dschungel in Zentral-Brasilien leben, praktiziert wird.

Es ist übrigens sehr hilfreich, als Heilerin hin und wieder den 1.-Hilfe-Kurs aufzufrischen[6]. Es gibt an verschiedenen Volkshochschulen auch 1.-Hilfe-Kurse für Tiere[7], die von örtlichen Tierärzten durchgeführt werden.

Da ich am Ende des Buches Reiki-Techniken in Kombination mit magischen und schamanischen Techniken beschreibe, ist es in manchen Fällen (wenn es auch ohne die Reiki-Symbole geht) möglich, mit ihnen zu arbeiten, ohne eingeweiht zu sein. Auf der einen Seite können sich dir auch, während dieser Experimente, Symbole offenbaren, mit denen du dann arbeiten kannst.
Auf der anderen Seite ist es heutzutage sehr erschwinglich, sich in Reiki einweihen zu lassen (das ist jetzt keine Eigenwerbung – es gibt auch andere gute freie Reiki-Lehrer, die preiswert sind). Wenn es nach mir ginge, sollte jeder Mensch in den ersten Reiki-Grad eingeweiht sein, um sich, oder auch anderen, in bestimmten Situationen sofort helfen zu können.

Die angegebenen Beispiele sind aus meiner persönlichen Praxis. Alles, was du hier findest, ist veränderbar.

Jetzt wünsche ich dir viel Freude, Experimentierlust und auch Geduld für den Weg zur Heilerin.

Nerthus von Norderney

---

6 Erste Hilfe für Menschen http://www.drk.de/erstehilfe/ehonline/index.htm

7 Erste Maßnahmen für Tiere kann man auch hier nachlesen: http://www.tierschutzbund.de/02598.html?&0 (erste Hilfe bei Unfällen) Hier ist ein weiterer interessanter Artikel zum Thema: http://www.tierschutzbund.de/fileadmin/mediendatenbank_free/dudt-artikel/dudt_05_5/Verletztes_Tier_was_tun.pdf

Einleitung: Alles was heil und heilig ist...

Neulich erschien mir mein magischer Heilergeist während einer schamanischen Reise. Ich befand mich dabei auf einer Art Waldlichtung, die in ein unbeschreibliches Licht getaucht war.
Mein Heilergeist nahm mich an die Hand und führte mich zu einer Gruppe von Göttinnen.
Eine Frau mit asiatisch angehauchten Gesichtszügen und langen schwarzen Haaren, die bis zu den Kniekehlen gingen, lächelte uns an. Sie streckte uns ihre Hände entgegen, die keine Finger hatten. Ich erschrak im ersten Moment. Es war eine Göttin.
Wir kamen uns schwebend immer näher.
Mein Geist ließ meine Hand los und legte sie in die Hand der Göttin. Sie lächelte und sagte: „Komm´ zu mir, ich erzähle dir meine Geschichte. Du musst dich an mir festhalten, weil ich das leider nicht kann. Und nun ziehe dich warm an."
Mein Geist verschwand und die Göttin und ich schwebten Richtung Norden. Ich musste mich sehr an ihrer Hand festhalten. Würde ich sie verlieren, dann wäre ich verloren, in einer Welt, zu der sonst nur die Götter Zugang haben.
Es wurde immer kälter und ich spürte, wie ich plötzlich von Pelzen eingehüllt wurde. Die Landschaft war weiß, überall waren Eisberge und zwischendurch war hier und da ein blauer Fleck des Eismeeres zu sehen.
Die Göttin stellte sich nun auf einen Eisberg und sprang ins Meer. Ich hielt mich an ihr fest und hielt die Luft an. Ich wusste, dass ich Vertrauen haben musste, denn sonst würde ich nichts erfahren und vielleicht sogar sterben.
Wir schwammen immer tiefer und tiefer und das Licht des Himmels wurde blasser, bis es schließlich ganz dunkel um uns herum wurde.
Dann erglimmte in der Entfernung ein Licht, dass irgendwie aus uns herauskam und aus den Wesen, die dort lebten.
Wir kamen in eine Art Raum, der wie mit Schleiern von der Tiefe und Dunkelheit des Meeres abgegrenzt war. In diesem Raum waren Sitzgelegenheiten, wie gepolsterte Felsen sahen sie aus und ich wusste, dass ich die Göttin nun loslassen konnte.
Wir waren in ihrem Reich angekommen. Da schaute die Göttin mich an und sagte:
„Und nun, meine Schwester, höre meine Geschichte.
Vor sehr sehr langer Zeit, als die Menschen und Tiere noch eine gemeinsame Sprache hatten, lebte ich als schöne menschliche Frau mit meinem Vater zusammen. Irgendwann und das liegt in der Natur der Sache, sollte ich heira-

ten. Aber die Männer, die mein Vater für mich ausgesucht hatte, gefielen mir nicht. Sie hatten mir einfach nichts zu bieten.

Dann tauchte eines Tages ein Eissturmvogel auf und versprach mir ein Heim voller Reichtümer und Luxus. Ich fand, dass sich das ganz gut anhörte und heiratete ihn. So folgte ich ihm in sein Reich und musste schnell feststellen, dass ich betrogen wurde. Es gab nur die Eiswüste, kahle Bäume, kaum etwas zu essen und dann fing mein Mann an, mich auch noch zu misshandeln.

Ich schickte meinem Vater einen Boten, damit er mich aus diesem Elend befreit. Glücklicherweise kam er sofort, um mich abzuholen. Ich war so froh, diesem Alptraum zu entrinnen.
Ich stieg in sein Boot und wir fuhren in Richtung Heimat. Die kalte blaue See war sehr ruhig.
Ich freute mich auf die Heimat und das Zusammenleben mit meinem Vater.

Plötzlich kam ein Sturm auf und ein Schwarm Eissturmvögel flog auf uns zu. Mein Mann wollte mich nicht kampflos aufgeben und beschwor durch sein Gefolge, Geschrei und Flügelschlag, einen heftigen Sturm herauf.
Unser kleines Boot kenterte fast. Es war den hohen Wellen nicht gewachsen. Wir hielten uns am Bootsrand fest, um nicht über Bord zu gehen. Mein Vater hatte entsetzliche Angst und warf mich ins kalte Meer. Er rief mir zu, dass wir nicht beide überleben könnten, sie würden ein Opfer verlangen und das wolle nicht er sein.

In meiner Panik hielt ich mich am Bootsrand fest, weil ich auch nicht sterben wollte. Da holte mein Vater mit einer Axt aus und schlug mir meine Finger ab. Ich glitt zurück ins Meer und schrie vor Schmerzen. Das Meer verfärbte sich rot und beruhigte sich.
Ich ging langsam unter. Ich sah nach oben und konnte sehen, wie meine Finger auf dem Wasser schwammen. Mir wurde sehr warm und ich fühlte keine Schwere und keine Trauer mehr. Plötzlich konnte ich sehen, wie sich ein Finger in einen Wal verwandelte, ein anderer in einen Delfin. Ein Daumen wandelte sich in einen Seehund, der andere in einen Seelöwen. Aus den kleinen Fingern wurden andere Fische.

Mein Schmerz war verschwunden und ich ließ mich einfach fallen. Etwas hatte meine Seele gestreift und ich war frei. Ich war nicht mehr menschlich. In dem Moment, in dem ich meinen menschlichen Körper verließ, wurde ich zur Göttin Sedna und ich schenkte den Säugetieren des Meeres und Fischen das Leben.

Ich sank weiter herab und fand hier, wo wir jetzt sind, mein neues Zuhause. Es ist das Adlivum, die Unterwelt der Eskimos.
Hier herrsche ich über den Tod und bin für die zukünftigen Schamanen zuständig. Wenn mich hier jemand besucht, muss er mir die Hände massieren und mein Haar kämmen.
Aber dafür bist du nicht hier, meine Schwester, obwohl ich jetzt nichts dagegen hätte, wenn du mir meine langen Haare kämmst.
Du bist hier, um zu verstehen, warum alles göttlich und heilig ist.

Ihr Menschen redet viel davon, was göttlich und heilig ist, aber wenn man sich eure Welt anschaut, begreift man, dass ihr das nicht wisst, oder nur ein sehr geringer Teil von euch.

Als ich meine Finger verlor, wurde ich zu einem göttlichen Wesen. Meine Finger wurden auch zu göttlichen Wesen. Diese Wesen wurden dazu erschaffen, die Menschen zu ernähren.

Da ich erst ein Mensch war, dann durch meinen Tod göttlich wurde, steckt in allem, was ich erschaffen habe, der göttliche Funke. Er macht die Tiere heilig und alles andere, was lebt.

So gibt es in deinem Schöpfungsmythos eine ähnliche Geschichte, und zwar die des Riesen Ymirs. Nach seiner Ermordung durch Odin, wurde sein Körper zu Midgard, einem Ort, der aus Erde besteht, Wasser, Pflanzen und Tieren. Dieser Ort ist die Lebensgrundlage des Menschen.
In allem, was auf deiner Erde existiert, steckt ein Teil von magischen Wesen, so auch in dir.
Alles ist in einem geheiligten Kreislauf miteinander verbunden. Alles, was dich umgibt, kann zu dir sprechen, mit dir kommunizieren, Sprachbarrieren gibt es nicht.
Der göttliche Funke verbindet Geist und Seelen miteinander. Darum müssen alle auf dieser Welt mit Respekt und Liebe miteinander umgehen, denn ich sage,

dass die Tiere heilig sind,
dass die Erde heilig ist,
dass die Bäume heilig sind,
dass die Menschen heilig sind,
dass alles auf diesem Planeten heilig ist.

Alles, was heilig ist, muss heil bleiben, damit der göttliche Funke nicht erlischt und für immer geht. Denn das wäre der Untergang allen Lebens auf der Erde.

Den göttlichen Funken kann man erhalten, wenn man Respekt, Verantwortung, Liebe und Demut im Herzen spürt, für das eigene Leben und für das Leben anderer.

Für mich persönlich bedeutet das, dass ich für alles Dankbarkeit zeige, was mir gegeben wird, damit ich leben kann, um in meinem Körper, der einen heiligen Tempel an sich darstellt, Sinnlichkeit und Freude erleben zu können.

Wenn die Heiligkeit geht und missachtet wird, brauchen wir Menschen, die bereit sind, diese wieder herzustellen, durch Heilwissen und Mut, durch Zauberkraft und spirituelles Wissen, durch Enthusiasmus und Kraft, durch Lebenslust und Lebensfreude.
Machen wir all das heil, was heilig ist und zelebrieren heilige Rituale, um uns das zu erhalten, was wir zum Leben brauchen und was das Leben einfach lebenswerter macht.
Etwas zu heilen, bedeutet es heilig zu machen, um den göttlichen Funken wieder zum Strahlen zu bringen.
Heilen und heilig haben im Deutschen den gleichen Wortstamm, also haben beide Worte die gleiche Bedeutung.
Heil sein bedeutet heilig zu sein. Wer heil ist, ist ganz. Ganzheit bedeutet, dass wir innerhalb dieser Ganzheit ein Teil davon sind. Und wer sein Heil sucht, sucht das Glück, um ein erfülltes und schönes Leben zu führen.
Der göttliche Funken, der in allem vorhanden ist, das auf dieser schönen Erde existiert, bringt das Leben erst zum Leben.
Durch den göttlichen Funken kann alles in seiner Schönheit erstrahlen und alles ist so, wie Mutter Erde sich das ausgedacht hat.

Möge auch dein göttlicher Funken weit und hell in die Welt hinausstrahlen…

Selbstheilung und Heilung

Bevor ich andere Menschen oder Tiere behandelte, habe ich die Techniken und Praktiken erst an mir selbst getestet. Es ging mir nicht nur darum zu schauen, ob sie funktionieren, sondern um die Aktivierung meiner eigenen Selbstheilungskräfte. Auch ich habe ab und zu Schwierigkeiten mit Erkältungen oder grippalen Infekten, der Wirbelsäule, Probleme mit der Familie oder mit Freundinnen, Allergien gegen bestimmte Lebensmittel oder einfach auch nur mal einen zu niedrigen Hormonspiegel.

Das bedeutet, dass der Weg der Heilerin in erster Linie ein Selbsterfahrungsweg ist. Auf diesem Weg kann man sich selbst sehr gut kennenlernen, die eigenen Reaktionen auf bestimmte Situationen beobachten, den eigenen Heilernamen finden, einen Heilerführer oder -lehrer, das Heilerkrafttier und das Heilerkraftlied (siehe die entsprechenden Kapitel und Übungen dazu).

Das für mich Wichtigste auf diesem Weg war, dass ich gelernt hatte, auf meinen Körper und meine innere Stimme zu hören. Das ist meistens nicht sehr einfach und ein paar Jahre lang fühlte ich mich trotz meines Wissens schon bei einer kleinen Erkältung betriebsblind.

Auch andere Menschen bestätigten mir, dass ihnen bei akuten Beschwerden, und wenn es nur eine harmlose Erkältung ist, die trotzdem sehr lästig sein kann, nicht das simpelste Mittelchen einfällt. Sie sagten, dass sie anderen Menschen wunderbar helfen können, aber nicht sich selbst.

Aber es ist tatsächlich möglich, die eigenen magischen und heilerischen Fähigkeiten so zu trainieren, dass es machbar wird. Manche Prozesse brauchen eben ihre Zeit. Und das ist etwas, was die meisten Menschen sich nicht nehmen: Zeit, sich selbst zuzuhören, zu regenerieren, Stille und Ruhe zu genießen, sich selbst etwas Gutes zu tun und vor allem Geduld mit sich selbst zu haben. Wenn wir uns nicht selbst helfen können, blockieren wir unsere eigene Energie, weil wir im Grunde unseres Herzens ganz genau wissen, was wir tun müssen, damit es uns besser geht.

Das schamanische Prinzip lautet, dass man lernen muss, sich selbst zu helfen, bevor man anderen hilft. Meistens beginnt ein spiritueller oder schamanischer Weg mit einer schweren Krankheit oder einer Nah-Tod-Erfahrung.

Natürlich kann ich nicht alles an mir selbst heilen. Für meine Fehlsichtigkeit brauche ich einen Augenarzt und für meine Zähne einen Zahnarzt. Aber man kann auch lernen, wie man sich Hilfe sucht, wenn man welche braucht oder an wen man sich im Notfall wenden kann. Also genau wissen, jetzt muss ich das und das machen, damit mein Körper wieder heilen kann. Und wenn ich das nicht alleine heilen kann, suche ich mir kompetente Hilfe von außen.

Ich wollte mich nicht damit abfinden, dass ich anderen Menschen schneller helfen kann als mir selbst und meditierte darüber. In meinen Meditationen und Unterhaltungen mit meinem Heilerführer stieß ich auf mehrere Gründe:

1. Heilerinnen sind auch nur Menschen, die hin und wieder gerne vor der eigenen Realität die Augen verschließen.
2. Die anfängliche Unfähigkeit, Dinge zu verändern, die eine schnelle Besserung zur Folge hätten, denn Heilung bedeutet nun mal auch Veränderung.
3. Sich nicht die Ruhe nehmen und auf bzw. in den eigenen Körper hineinhorchen, um herauszufinden, was ihm fehlt. Wir müssen uns vorstellen, dass wir, also das, was wir denken und das was unser Körper fühlt, eigentlich zwei Dinge sind. Wir als Seele, als Energiewesen haben diesen Körper für eine Lebensphase auf diesem Planeten geschenkt bekommen. Darum sage ich lieber, dass mein Zahn schmerzt und nicht, mir tut mein Zahn weh. Wenn ich meinen Körper aus dieser Perspektive betrachte, habe ich es persönlich leichter, ihn zu heilen und etwas für ihn zu tun. Wenn es meinem Körper gut geht, dann geht es auch meiner Seele gut.

Heilung ist nur dann möglich, wenn ich mich meinem Leben stelle und den manchmal unbequemen Wahrheiten ins Auge sehe. Das ist dann eine Zeit voller Erkenntnisse, Verrücktheiten, Stimmungsschwankungen, mal will man einsam sein, mal hält man diese Einsamkeit nicht aus, reagiert auf viele Dinge sehr dünnhäutig, weint und lacht im stetigen Wechsel, sieht Dinge, die sonst keiner sieht, kurz gesagt, man hat die Schamanenkrankheit.
In dieser Zeit ist man sehr wechselhaft und unberechenbar im Verhalten, hat Zweifel und dann doch wieder nicht, ob man überhaupt auf dem richtigen Weg ist, bekommt ständig grippale Infekte, stößt anderen Menschen vor den Kopf und doch läuft alles nur auf das eine heraus: Heilerinnen brauchen Ruhe, Gelassenheit, Stille und Frieden, um das zu tun, was sie tun müssen.
Bei Stress, innerer Unruhe, Streit oder Überfrachtung an schlechten Nachrichten aus den Medien können uns die Botschaften aus der anderen Welt einfach nicht erreichen, die für uns und alle anderen so wichtig sind.

Auch von meinen Ratsuchenden erwarte ich, dass sie ihre Heilung unterstützen. Das heißt, dass ich sie aktiv in ihre Heilung mit einbeziehe. Ich zeige ihnen durch gezielte Fragen auf, was sie tun müssen, um wieder gesund zu werden. Eigentlich weiß jeder Mensch, was er tun kann, wenn er krank ist. Durch meine Fragen kommen sie meistens von ganz alleine auf die Lösungen und dann müssen sie das alles nur umsetzen (was zugegebenermaßen auch schon mal sehr schwierig werden kann und man muss auch nicht sofort alles

ändern, sondern Schritt für Schritt in einem angemessenen Tempo, um sich selbst nicht zu überfordern).
Wenn allerdings jemand nicht bereit ist, sich selbst zu helfen, was könnte ich denn dann noch tun?

Nicht jede Krankheit ist esoterisch oder spirituell zu erklären. Es ist auch nicht wichtig, wieso jemand krank geworden ist, sondern wie sie oder er jetzt damit umgeht. Es geht um die Gegenwart und nicht um die Vergangenheit. Es geht im Hier und Jetzt darum, darüber nachzudenken, was ich tun muss, um mich wieder wohl zu fühlen. Ich muss jetzt spüren und klar sehen, was mir fehlt.
Natürlich prägt das Verhalten in der Vergangenheit die Gegenwart, aber es hilft ja nicht darüber zu schimpfen, was man falsch gemacht hat, sondern was man jetzt richtig machen kann. Das kann dabei helfen, nicht wieder in alte Verhaltensmuster zu verfallen, die die Krankheit ausgelöst haben.

Trotzdem sei hier gesagt, dass die häufigste Krankheitsursache Stress ist. Stress ist die Abwesenheit von Ruhe, Stille, Gelassenheit und Entspannung. Eigentlich ist Stress ja nichts schlechtes, weil er nichts anderes ist, als die Konzentration auf eine Sache. Aber wenn man dann nicht abschalten kann, wird es kritisch und irgendwann meldet sich der Körper mit Unpässlichkeiten oder Schmerzen. Schlechte Ernährung (Zucker und Weißmehl) schaffen Abhängigkeiten und entziehen dem Körper wichtige Vitamine[8]. Je mehr ein Mensch unter Druck steht (den er sich häufig auch selbst macht, in dem er Situationen auf sich bezieht und keinen Abstand findet), sich ungesund ernährt und sich nicht ausreichend bewegt, desto eher sind körperliche Symptome die Folge.

Eigentlich behandle ich keine Krankheiten, sondern meinen Körper, den Menschen oder das Tier in seiner Ganzheit. Ich schenke der Krankheit oder den Beschwerden möglichst nicht noch mehr Aufmerksamkeit, sondern entziehe ihr die Energie, in dem ich auf den oder das zu Heilende schaue. Natürlich nehme ich meine oder seine Schmerzen ernst und ich mache meine Anwendungen auch teilweise, je nach Methode, direkt an den Stellen, an denen die Beschwerden aufgetreten sind. Bei Reiki sagt man, dass diese Energie so intelligent ist, dass sie sich den Weg selbst sucht, sodass man nicht unbedingt auf den Punkt Reiki geben muss.

---

8 Einen sehr guten Beitrag zum Thema Ernährung findest du in dem Buch von Zsuzsanna Budapest „Herrin der Dunkelheit, Königin des Lichts“ von Mary Farkas „Ernährungspolitik“.

Das Problem mit Krankheiten ist auch, dass sie manchmal auch nicht so einwandfrei zu diagnostizieren sind. Teilweise sind sie Altlasten von anderen Beschwerden, die mit bestimmten Medikamenten behandelt wurden, die dann irgendwann irgendwelche unerwünschten Nebenwirkungen nach sich zogen. Auf der anderen Seite ist es wichtig, dass man z. B. bei ansteckenden Krankheiten (wie AIDS, Grippe etc.) eine Diagnose vom Arzt haben sollte, um sich selbst bei einer Anwendung schützen zu können. Eine Diagnose darf nur ein Arzt oder ein Heilpraktiker stellen, Geistheiler dürfen das nicht.

Vor einigen Jahren hatte ich eine Superinfektion. Da ich Angst hatte, meinen entzündeten Zahn zu verlieren, ließ ich mich darauf ein, Antibiotika zu nehmen. Einen Monat später hatte ich Durchfall, der sich vier Wochen lang hinzog. Ich versuchte alles, insbesondere auf natürlicher Basis[9], aber meine Darmflora war einfach zerstört.
Um den Durchfall wieder loszuwerden, bekam ich ein ganz besonders teures Antibiotikum. Davon bekam ich dann ca. drei Monate später Haarausfall, der aber mit Zink, Magnesiumtabletten und Kräutertees schnell wieder wegging.
Manchmal kann es aber auch sein, dass man eine Krankheit erfolgreich bekämpft, aber nichts in seinem Leben ändert und die Krankheit dann an anderer Stelle wieder ausbricht. Man kann sich nicht selbst betrügen und so tun, als wenn es einem gut geht. Der Körper und die Seele wissen es besser und häufig melden sie sich so oft, bis man es endlich verstanden hat. Und wenn nicht, dann kann ich nur sagen, dass jeder Mensch das Recht auf seine Krankheit hat.
Heilung und Magie haben eines gemeinsam: wer geheilt werden möchte oder Magie ausübt, hat ja eigentlich nur eines im Sinn: Veränderung.

Heilung für alle

Wenn man die Menschen fragt, was für sie das Wichtigste in ihrem Leben ist, dann sagen sie, dass das ihre Gesundheit sei.

Wenn du dich selbst heilen kannst, wirkt sich das auch auf das große Ganze aus. Heilung bedeutet, dass ich in Kontakt mit Mutter Erde alles tue, um gesund zu bleiben oder zu werden. Dabei verwende ich möglichst spirituelle und pflanzliche Anwendungsmethoden an, um die Umwelt zu entlasten.
Aber es ist nicht der Hauptfaktor, sondern wir haben mittlerweile gelernt, dass es uns körperlich und seelisch eigentlich nur dann gut gehen kann, wenn wir uns in jeglicher Hinsicht möglichst umweltfreundlich verhalten.

---

9 Kohle, Heilerde, Flohsamenschalen.

Wenn wir dafür sorgen, dass unsere Luft besser ist, die Böden nicht ausgelaugt werden, Tiere artgerechter gehalten werden, weniger konsumieren, dann machen wir einen Schritt in die richtige Richtung. Z. B. nur so viel an Öl oder Strom verbrauchen, wie gerade nötig ist. Und dass wir sparsam mit dem sind, was uns zur Verfügung steht. Es geht nicht mehr nur darum, möglichst viel zu recyceln[10], sondern darum, was wir nicht unbedingt brauchen oder tun müssen. Nur eine Reduzierung unserer Schadstoffe hilft Mutter Erde. Ist sie erst einmal richtig verseucht, dann ist auch uns nicht mehr zu helfen.
Außerdem kann ich zur Mutter Erde nur dann ein gesundes Verhältnis haben, wenn ich zu meinem Körper eines pflege. Was für mich gut ist, ist für Mutter Erde ebenfalls gut.

Irgendjemand sagte einmal: Lieber gesund sterben, als sterbend dahinsiechen. Das ist ein weiser Spruch, denn wer möchte denn schon mit Schmerzen die letzten Jahre seines Lebens verbringen? Das heißt, wir müssen in jedem Lebensalter darauf achten, dass es unserem Körper und unserer Seele gut geht. Dass wir selbstzerstörerische Lebensweisen aufgeben oder erst gar nicht damit anfangen.

Heilung auf spiritueller Ebene kann nur funktionieren, in dem ich Respekt und Liebe dem Leben – ob dem eigenen oder dem von anderen oder Mutter Erde – entgegenbringe. Wir können den Kontakt zu unseren Heilergeistern, Feen, Elfen, Krafttieren nur solange aufrechterhalten, wie wir sie ehren und wahrnehmen. Sind sie erst einmal gegangen, ist es vorbei. Wir brauchen diese Wesen, um zu heilen, denn genau genommen, sind es nicht wir, die heilen, sondern diese wunderbaren Wesen. Sie helfen uns dabei. Der Ansatz dabei ist, dass sich nicht die Umwelt an mich anpasst, sondern ich mich an sie. Ich bin abhängig von Sauerstoff, Wasser und Nahrung.

Eine Heilerin ist so gesehen eine Mittlerin zwischen den Welten, sie kommuniziert und verhandelt mit Wesen anderer Welten und bittet sie um Heilung. Sie macht Rituale zu Ehren der verschiedenen Geister und Mutter Erde, um sie um Heilung zu bitten. Wir können uns eigentlich nur dann selbst heilen, wenn wir im Einklang mit dem sind, was uns umgibt.
Auch die Reiki-Kraft ist eine natürliche Quelle, die wir anzapfen und durch uns hindurchfließen lassen, damit wir sie gezielter anwenden können. Auch hier ist die Reiki-Anwenderin nur als Kanal zu verstehen. Sie stellt sich zur Verfügung, damit göttliche Kräfte wirken können. Natürlich können göttliche Kräfte auch ohne uns wirken, aber da viele Menschen diese feinen Antennen nicht haben, brauchen sie Menschen, die diese längeren Fühler haben. Aller-

10 Auch recyceln verbraucht sehr viel Energie.

dings bin ich der Meinung, dass die meisten Menschen diese Antennen und Fühler[11] haben, aber sich nicht darauf einlassen möchten. Sie haben die Berufung zum Schamanen oder Heiler nicht erhalten, aber sie könnten trotzdem viel Gutes für sich selbst tun.

Heilung geschieht auf der Basis von Hingabe. Ich gebe etwas hin, mit viel Herz und Liebe, um mein Ziel zu erreichen. In diesem Fall gebe ich etwas von mir: ich gebe mich meinem Leben hin.
Manchmal müssen wir regelrecht darum kämpfen – für unsere körperliche Unversehrtheit und für unsere spirituelle Freiheit. Jeder Mensch sollte lernen, soviel Selbstachtung zu haben, dass er oder sie nur noch das macht, was ihm oder ihr Freude macht und guttut (oder seine Sichtweise ändern, wenn er oder sie in einem ausbeuterischem Betrieb tätig ist). Andererseits müssen wir lernen und darauf vertrauen, dass die spirituellen Kräfte für uns sorgen. Das bedeutet, dass man sich von bestimmten Dingen freimachen muss und es der Göttin überlässt, was für uns wichtig ist, was wir erhalten und was wir zum Leben brauchen.

„Ich lege mein Leben in die Hand der Göttin
und bin offen für ihre Geschenke“.

So ist das bei Heilungen auch. Ich leite die Heilungen für andere Menschen ein, in dem ich die göttlichen Kräfte um Hilfe bitte und überlasse es ihnen was geschieht. D. h. ich verfolge keine feste Absicht, sondern übergebe lediglich den Heilungswunsch an die andere Welt.
Dabei können wir das Schöne im Leben wahrnehmen, wenn wir unsere Suche nach dem Streben nach "immer mehr haben wollen", aufgeben. Es ist wichtig, dass wir dem Schönen – sei es eine kleine Blume am Straßenrand, ein Sonnenuntergang, ein Kraut, das zu uns spricht – unsere Aufmerksamkeit schenken und nicht dem ganzen negativen Kram, der so passiert.
Wenn wir das tun, dann ehren wir das Schöne und Gute und so geht es uns besser. Und wenn wir diese schönen Dinge ehren, bleiben sie uns auch erhalten. Und wir wollen uns ja nicht die negativen Dinge erhalten, also entziehen wir ihnen unsere Aufmerksamkeit (genau wie den Krankheiten), in dem wir das in uns aufnehmen, was uns gefällt, was schön ist und was unsere Seele nährt.

Bei vielen Krankheiten hilft es, einfach viel zu schlafen und zu trinken. Das ist etwas, was ausnahmslos jeder Mensch für sich im Krankheitsfall tun kann.

---

[11] Zitat aus dem Interview mit dem mongolischen Schamanen und Autoren Galsan Tschinag im SWR2 im Jahre 2000.

Man wird nicht nur schneller gesund, sondern man steckt auch keine anderen Menschen an, wenn man zu Hause bleibt.
Krankheit ist ja immer ein Zeichen dafür, dass der Körper Ruhe braucht und die holt er sich, indem irgendwo Schmerzen, Fieber etc. auftreten.
Wenn ich Anwendungen mache, dann bevorzuge ich die abendliche Dämmerung oder die Nacht. Dann ist meistens Ruhe eingekehrt, auch in der Stadt. Außerdem gibt es nichts Schöneres und Erholsameres, als nach einer Anwendung einfach so ins Bett zu fallen, als Heilerin, aber auch als Kranke.

Mir ist aufgefallen, dass ich hier beim Schreiben im Eifer des Gefechts häufig „wir“ und „uns“ schreibe.
Dazu möchte ich anmerken, dass wir es auch nur gemeinsam schaffen können, Heilung, Frieden und Glück in uns selbst und in diese Welt zu tragen.

Reiki, Magie und schamanische Techniken

Als ich das erste Mal von Reiki hörte, las ich in einem Buch, dass der japanische Begründer, Dr. Mikao Usui, Christ sei. Mit Christus Energien, so dachte ich, möchte ich als Hexe nicht umgehen. Ich habe nichts gegen andere Religionen, aber es ist eben nicht meine Welt.

Ich informierte mich weiter und meine Freundin meinte, dass die Menschen in Japan shintoistisch aufwachsen, christlich heiraten und buddhistisch beerdigt werden.
Genau das las ich dann auch in dem Buch „Jikiden Reiki" von Tadao Yamaguchi.
Er beschreibt in seinem Buch das traditionelle japanische Reiki und geht auch auf den Shintoismus ein.
Dieser ist wie der Schamanismus, das Hexentum und der Wicca-Kult ein Naturglaube, eine Ur-Religion, die den Menschen von Mutter Natur mitgegeben wurde[12]. Die Menschen verehren die Natur, glauben an Tier- und Ahnengeister und Mutter Erde. Sie glauben an Geister und zelebrieren Rituale mit Tänzen und Gesängen.
Der Shintoismus hat seinen Namen erst nach der Einführung des Buddhismus (552 nach unserer Zeitrechnung) erhalten, um beide Glaubensrichtungen auseinander zu halten.
Die japanische Bezeichnung lautet: „Kami no mitschi". Mit Kami bezeichnet man die Götter, bzw. die göttliche Energie in der Natur, die aber auch im Menschen immanent ist.
Die höchste weibliche Gottheit ist die Sonnengöttin Amaterasu, die einigen Wiccanerinnen sicher bekannt ist.
So wird z. B. im Shintoismus auch bei der rituellen Reinigung Salzwasser verwendet (Harahi), in dem es versprengt wird.

Da der Schamanismus die Ur-Religion, also die Mutter aller spirituellen Bewegungen, medizinischen Künste, Kulte und Religionen ist, gehe ich davon aus, dass Reiki eine schamanische Technik ist. Reiki wirkt durch unseren Energiekanal, der durch unseren Körper führt. So werden z. B. die indigenen Schamanen Nordamerikas „Hollow Bones – hohle Knochen"[13] genannt.

---

12 Zitat aus dem Interview mit dem mongolischen Schamanen und Autoren Galsan Tschinag im SWR2 im Jahre 2000.

13 Black Elk sagt in dem Buch „Fools Crow – Wisdom and Power" von Thomas E. Mails "Ich heilte mit der Kraft, die durch mich kam. Natürlich war ich es nicht, der heilte. Es war die Kraft der Äußeren Welt und die Visionen und Zeremonien machten mich durchlässig wie ein Loch, durch das die Kraft zu den Menschen kommen konnte." Danach kam die Frage an

Dieser ist mit dem Reiki-Kanal durchaus gleichzusetzen. Wenn ich Reiki oder andere Energieheilweisen anwende, in denen die Energie durch mich hindurchfließt, dann spüre ich, dass sie tatsächlich durch meine Knochen fließt. Manchmal kribbelt es dabei richtig. Als der Reiki-Kanal während meiner Einweihung geöffnet wurde, habe ich gespürt, wie dabei die „Tunnel" durch meine Knochen erweitert wurden. Meine Knochen wurden dann zu Röhren, wie die Pueblo- Indianer sagen würden. Ich glaube, wenn man sich diesen Vorgang verinnerlicht hat, ist es wirklich sehr einfach, mit Reiki zu arbeiten.

Eine weitere Verbindung von Reiki und Schamanismus gibt es in der Art seiner Entdeckung. Mikao Usui hatte sich 21 Tage lang auf dem Berg Kuramayama unter einen Baum gesetzt und in der letzten Nacht die Eingebung für die Reiki-Energie und die Reiki-Symbole erhalten. Das entspricht ungefähr der Visionssuche indigener Schamanen oder auch der des Gottes Odin, der neun Tage an einem Baum hing und das Runenalphabet erhielt. Dieses Alphabet diente in erster Linie magischen Zwecken, auch denen der Heilung.

Die Reiki-Symbole, die ab dem zweiten Grad verwendet werden, sind von Dr. Usui aus dem Shintoismus und Buddhismus entwickelt worden. Das Kraftverstärkungssymbol Cho-Ku-Rei ist z. B. eindeutig aus dem Shinto entnommen. Das Mentalheilsymbol Sei-He-Ki ist aus einem Buchstaben des indischen Sanskrit (kam vor ca. über 1.000 Jahren nach Japan) entwickelt worden.
Das US Meistersymbol stammt aus dem Tibetischen, während die anderen Zeichen einfach nur Übersetzungen in die japanische Schrift sind.

Reiki ist ab dem zweiten Grad durch die Symbole auch schamanistisch zu erklären. Das Fernheilungssymbol Hon-Sha-Ze-Sho-Nen bedeutet u.a. „keine Vergangenheit, keine Gegenwart, keine Zukunft". Als Reiki-Anwenderin kann ich so durch Zeit und Raum reisen, weil sich mein Geist vom Körper getrennt hat. Ich kann von jetzt auf gleich von einem Ort zum anderen reisen und meine Anwendungen durchführen. Das ist auch eine schamanische Technik, denn die Schamanin ist in den anderen Welten genauso zu Hause wie in der eigenen Realität. Mit dem zweiten Reiki-Grad lernt die Heilerin, wie man in andere Welten reist, um zu heilen oder sich wichtige Antworten zu ver-

---

Fools Crow, ob er dem zustimme, dass ein Medizinmann wie ein Loch ist, durch das Wakan Tanka und die Helfer durchkommen, um den Menschen zu helfen. Darauf antwortet er, dass er es bevorzugt, dass Medizinleute als kleine hohle Knochen bezeichnet werden. „Die Kraft kommt zuerst zu uns, um uns zu dem werden zu lassen, der wir sein sollen und dann fließt sie durch uns durch und wieder heraus zu anderen."

schaffen. Dadurch verlässt man die eigene Realität und man tritt mit anderen Wesen in Kontakt, z. B. mit geistigen Führern, die einem unterstützend zur Seite stehen.
Die meisten Reiki-Symbole besagen, dass man in die Unendlichkeit geht und mit allen Energien zum göttlichen Wesenkern kommt.
Das Meistersymbol des dritten Grades besagt, ebenfalls in dem dazugehörigen Gebet „ich gehe in die Unendlichkeit" und geht dann weiter mit „Ich bin mir des göttlichen Kanals bewusst". Genau das und nichts anderes macht die Schamanin auch bei Heilzeremonien. Sie weiß um die Kräfte, die sie umgeben, um mit ihnen heilen zu können.
Das sind alles magische Vorgänge, die auch uns europäischen Hexen sehr bekannt sind.
Auch wir reisen in die Anderswelt, wenn wir Hilfe und Rat benötigen.
Hexen oder Wiccanerinnen leiten durch magische Techniken Energien für ihre Zwecke, um zu heilen oder um bestimmte Dinge zu erreichen. Auch dazu ist eine Kommunikation mit Wesen erforderlich, die in der Anderswelt zu Hause sind.
Es ist schon erstaunlich, wie ähnlich sich die spirituellen und magischen Techniken sind. Das liegt daran, dass sie alle die gleiche Quelle haben. Aus dieser Quelle stammt der Schamanismus als erste uns bekannte spirituelle und heilerische Weisheit und alles, was danach kam, baute sich darauf auf: auch Reiki und die Hexenmagie

Der einzige Unterschied zwischen einer Reiki-Anwendung und einer schamanischen Zeremonie ist, dass Reiki in Stille und Ruhe ausgeführt wird, während schamanische Techniken meistens mit lauten trancefördernden Gesängen und Getrommel einhergehen. Beide Techniken können auch gemeinsam ausgeübt werden, aber dazu später mehr bei den einzelnen Heiltechniken.
So ist es auch möglich Hexenmagie (Kerzenmagie, Beschwörungen, Kräuterheilkunde) mit einzubeziehen.

Hexenmagie, Schamanismus und Reiki haben die ausgezeichnete Eigenschaft sich weiterzuentwickeln und sich der jeweiligen Zeit anzupassen. Sie werden in allen Teilen der Welt ausgeübt, meistens wohl eher getrennt voneinander.
Reiki ist religionsunabhängig, weil die universelle Lebenskraft nichts mit Religion zu tun hat, sondern eine Heilungstechnik ist. Ebenso ist der Schamanismus religionsunabhängig (er passt sich der jeweiligen Religion an oder ist Teil einer Religion) und das Hexentum verstehe ich eher als Kult, als ebenfalls schamanische Technik, die sich meinem Glauben anpasst. Die Trennung von Glauben und Religion nehme ich deshalb vor, weil heutzutage Religionen wegen ihrer dogmatischen Lebensweisen (dazu zähle ich auch einige Rich-

tungen der Wicca-Religion) und teilweise sehr lebensfeindlichen Einstellungen nicht in mein eigenes Weltbild passen.
Das Hexentum und der Schamanismus kennen keine Hierarchien oder festgelegte Ritualtexte, die stur auswendig gelernt werden. Außerdem gibt es keine Regeln, Gebote oder Verbote, sondern nur das Wissen um die Heiligkeit des Lebens hier auf der Erde und um die Verbindung zum Göttlichen in sich selbst. Das gleiche empfinde ich auch bei Reiki. Auch hier geht es um die Heiligkeit eines jeden Menschen, um spirituelle Weiterentwicklung und um die Heilung desjenigen, der Heilung benötigt.

Wenn ich Reiki-Anwendungen oder Einstimmungen durchführe, rufe ich, genau wie bei Hexenritualen oder schamanischen Techniken, die Himmelsrichtungen an, um mich von ihren Kräften inspirieren und stärken zu lassen. Das ist eine Vermischung von Hexenmagie und Reiki, wie ich sie praktiziere.
Außerdem haben die Reiki-Einweihungen meine magischen Fähigkeiten erweitert oder sollte ich besser sagen, verstärkt.
Natürlich kann ich bei Fernanwendungen meine Helfergeister zur Hilfe rufen oder auch mein Krafttier.
Und ich beziehe die Reiki-Lebensregeln in meinen Hexenalltag mit ein:

Nur heute:

- *ärgere dich nicht*
- *sorge dich nicht*
- *sei dankbar*
- *erfülle deine Pflichten*
- *sei nett zu deinen Mitmenschen.*[14]

---

[14] Das ist die Originalübersetzung der Lebensregeln, alle anderen Varianten sind Ergänzungen des westlichen Reiki.

Allgemeines zu den Heiltechniken

Reiki

Reiki ist im Gegensatz zu einer schamanischen Ausbildung oder zur Hexe ein Klacks. Das hatte mich anfangs sehr irritiert. Ich wurde eingeweiht, bekam ein paar Hinweise mit auf den Weg und schon konnte ich mit dem energetischen Handauflegen beginnen.
Es war so, als müsste ich gar nichts weiter dafür tun, außer offen für die Einweihung zu sein. Bisher hatte ich jahrelang magische und schamanische Techniken gelernt (das geht übrigens auch nicht im Schnellverfahren, weil man selbst viel experimentieren muss) und nun sollte eine andere Heiltechnik in Nullkommanichts funktionieren. Und es funktionierte tatsächlich. Nach der ersten Einweihung bekam ich beim Handauflegen sehr warme Hände und ich spürte, wie die Reiki-Energie floss. Sie ist so intelligent, dass sie dahin fließt, wo sie gebraucht wird. Das heißt, selbst die Handhaltungen beim Erlernen des ersten Grades müssen nicht akkurat dort angelegt werden, wo jemand Schmerzen hat.
Reiki wird als Geschenk des Universums an die Menschen gesehen und sollte jedem Menschen frei zur Verfügung stehen.

Wegen seiner Einfachheit, zumindest im ersten Grad, bin ich der Meinung, dass jeder Mensch in Reiki eingeweiht sein sollte. Das ist einfacher als ein 1.-Hilfe- Kurs beim Roten Kreuz (den ich aber auch als sehr wichtig betrachte).

Für den ersten Grad muss man keine Symbole auswendig lernen. Das einzige, das wichtig ist, ist wie man die Reiki-Energie zum Fließen bringt, bei sich und anderen anwendet und ihn wieder anhält.

Beim zweiten Grad wird man in drei Symbole eingeweiht, von denen eines in Kanji (japanische Schriftzeichen) geschrieben ist und ein wenig Mühe beim Auswendiglernen macht. Es ist wichtig, dass man diese Symbole wie im Schlaf abrufen kann, weil man sie sonst nicht anwenden kann.
Man lernt die Anwendungsmöglichkeiten der Symbole kennen, hat einen noch besseren Energiedurchlauf durch die eigenen Energiekanäle im Körper und ist in der Lage Fernanwendungen zu machen, d. h. durch Raum und Zeit zu reisen.

Im dritten Grad wird man in das Meistersymbol Dai-Ko-Myo eingeweiht. Das Symbol dafür ist in Europa ein in Kanji geschriebenes Zeichen, während es in den Staaten und Australien wie das tibetische Feuerzeichen aussieht. Ich hatte das Glück, von meinem Lehrer in beide Zeichen eingeweiht zu werden und ich muss zugeben, dass ich ausschließlich das US-Symbol verwende. Es hat eine Spirale, mit der man sehr schnell handeln kann, wenn man sie braucht.

Bis hierhin war die Ausbildung einfach und schnell verständlich. Erst wenn man den Lehrergrad anstrebt, muss man vieles lernen, um Reiki weiter geben zu können.

Der Lehrergrad (vierter Grad) wird heutzutage häufig mit dem Meistergrad (dritter Grad) verbunden, da er keine Einweihung benötigt.

Um mit den Symbolen arbeiten zu können, muss man in sie eingeweiht werden. Der Lehrer oder die Lehrerin pflanzt diese Symbole so gesehen in den Schüler ein. Auch wenn beim ersten Grad die Symbole zur Einweihung verwendet werden, ist man noch nicht in sie eingeweiht, sondern der Reiki-Lehrer öffnet mit ihnen lediglich den Reiki-Kanal.

Reiki steht uns immer zur Verfügung und wer mit Reiki heilt, heilt auch sich selbst, da die Energien bei einer Anwendung durch die Heilerin fließen. Reiki hat auch eine beschützende Eigenschaft. Während einer Anwendung sind alle Beteiligten automatisch gegen unerwünschte Energien geschützt.

Reiki ist eine heilige Energie und sollte mit Liebe im Herzen praktiziert werden. Sie kann nur für das Gute angewendet werden. Allerdings kann sie Reinigungsprozesse anstoßen, die manchmal mit Leid und Tränen begleitet werden. Durch diese Prozesse werden Veränderungen herbeigeführt, die uns zu unserem eigentlichen Ziel führen: gesund und glücklich zu sein oder vor allem der Mensch zu sein, der wir sein wollen.

Reiki hat eine beruhigende Energie. Wenn es mir z. B. mal nicht so gut geht, dann lege ich mich einfach ins Bett. Dann mache ich eine Reiki-Eigen-Behandlung, bei der ich dann mittendrin auch schon mal einschlafe. Sobald ich aufwache, schließe ich schnell den noch geöffneten Reiki-Kanal.

Hexenmagie

Magick ist nicht etwas, was du machst,
Magick ist etwas, das du bist.[15]

Magie kommt aus dem Griechischen und heißt:
Gestalt geben, formen, schöpfen.[16]

Magie ist die Kunst, zu wissen, was man will…

Die Grundlage des Hexentums (sowie auch des Schamanismus) ist die Magie. Magie wurde seit Menschengedenken für Heilung genutzt. Mit Magie wurde das Überleben der Gemeinschaft gesichert. Der Schamane rief nicht nur die Geister, um jemanden zu heilen, sondern er versetzte sich in die Tiere, damit die Jäger der Gruppe sie leichter finden konnten. Später, als die Menschen teilweise sesshaft wurden und Ackerbauern wurden, zauberte der Schamane bei Bedarf Regen herbei.
Später stellten die Menschen fest, dass sich Magie auch für andere Dinge einsetzen ließ, z. B. um Feinde loszuwerden und die Liebe anzuziehen. Je nach Zeit und Volk wandelte sich die Magie. Sie ging mit der Zeit. Die Schwarzafrikaner, die nach Amerika als Sklaven kamen, entdeckten aus ihrer Not heraus so gesehen die Schwarze Magie, um sich von den Weißen zu befreien. Voodoo ist genau wie unsere Magie erst zur Heilung eingesetzt worden, bevor sie teilweise in unseren Augen pervertierte und bei vielen Menschen nur Angst auslöste. Auch in Italien wurde die Magie von den Stregas des 14. Jahrhunderts eingesetzt, um sich gegen die Feudalherren zu wehren.

Heutzutage wird in der westlichen Welt Magie zum größten Teil für Geld- und Liebeszauber eingesetzt. Sie auch für Heilung einzusetzen, wird jetzt von vielen magisch arbeitenden Menschen wiederentdeckt. Ich halte es für den besten Grund, sich mit Magie zu beschäftigen und sie auszuüben, wenn man damit sich selbst und andere Wesen heilt und damit auch noch Mutter Erde unterstützt.[17]

Um sie zu studieren, braucht es viele Jahre. Sie wird uns nicht einfach gegeben, sondern wir müssen sie erarbeiten und am eigenen Körper und der eigenen Seele erfahren.
Magie ist das Wissen über die Natur, die Anderswelt und Mutter Erde. Sie ist die heilige Verbindung zwischen den Menschen, der sichtbaren und unsicht-

---

15 D.M. Graig „Modern Magick“.
16 Luisa Francia „Hexentarot“.
17 Ähnlich drückt sich Janet Farrar in ihrem Buch „Progressive Witchcraft“ aus.

baren Welt. Sie sieht Dinge, die wir mit unseren Augen nicht erfassen können, dafür aber mit dem Herzen.

So kann man auch hier sagen, dass die Techniken des Hexentums ebenfalls schamanische Techniken sind. Man darf nicht vergessen, dass fast alles an westlichem Hexenwissen durch die Inquisition und Missionierung der Kirche verlorengegangen ist. Erst seit ungefähr Mitte des letzten Jahrhunderts wurde das Hexenwissen wieder aufbereitet und wiederentdeckt.

Häufig werden Hexen oder andere magisch arbeitende Menschen mit dem Vorurteil konfrontiert, dass Magie gefährlich sei. Wer sich mit Magie beschäftigt, ist auch nicht gefährdeter als andere Menschen. Psychische Störungen, die mit Magie ans Tageslicht kommen, waren auch schon vorher da. Es ist immer eine Frage der Zeit, wann jemand aus den Latschen kippt, wenn er Dinge nicht verarbeitet. Da Magie den Weg des geringsten Widerstandes geht, kann diese Art der Öffnung häufig sehr schmerzhaft und heftig sein.

Magie ist eine ganz besondere Kraft in unserem Leben. Sie durchwirkt alles, sie strömt durch uns hindurch, sie lässt uns fliegen – wenn wir offen dafür sind und sie in unser Leben lassen.

Die Arbeit mit Magie beinhaltet Transformation und die allererste ist die Verwandlung der eigenen Wahrnehmungsfähigkeit. Magie manifestiert sich zuerst in der eigenen inneren Welt, um dann in die äußere Welt entlassen zu werden.
Magie bedeutet für mich, mich der Schönheit und der Vielfalt des irdischen Lebens zu öffnen.
Magie ist ein Schöpfungsprozess in alle Richtungen. Ich erschaffe Neues, um Altes zu ersetzen.
Hexen können mit Hilfe der Magie Zauberrituale ausführen, Energien ausgleichen und Energien transformieren.
In der Regel kann man sagen, dass Magie genau wie ein Heilungsprozess Veränderungen einleitet. Eine Ausnahme sind Schutzzauber, bei denen ich einen bestimmten Zustand erhalten will.

Es gibt drei Arten von Magie:

1. Zauber werden mit der eigenen Energie losgeschickt (das ist nicht so besonders empfehlenswert).
2. Zauber werden mit fremder Energie losgeschickt, die man in sich herabruft, aber auch wieder entlassen muss, damit man nicht abhebt oder magische Unfälle erleidet (sehr empfehlenswert).

3. Ich lasse meine Zauber von anderen Wesen erledigen, die ich eigens dafür herbeigerufen habe (nur dann empfehlenswert, wenn man die Wesen genauestens kennt).

Die intensivsten magischen Kräfte können während der Menstruation freigesetzt werden, während der drei Tage um den Vollmond herum, während der Jahreskreisfesttage[18], an denen die Schleier zur Anderswelt besonders dünn und fein sind und während eines Sturmes oder Gewitters.

Ein Magiestudium kann man mit dem Lauf des Lebens vergleichen: im Winter fühlen wir uns wie ein Samen, der in der Erde ruht. Er fühlt sich geborgen und kennt auch schon seine Aufgabe. In Ruhe und Stille wartet er auf den Frühling, wenn die Erde wärmer wird und er die Kräfte durch das Wasser aufnehmen kann. Im späten Frühling kommt er ans Tageslicht, um weiter zu wachsen. Er hat so viel Energie und Mut, dass er die schützende Dunkelheit verlassen kann. Im Sonnenlicht sprießt die Pflanze durch das Element Feuer, Wasser und Luft. Aus dem Samen ist nun eine Pflanze geworden, die von allen Elementen genährt und geliebt wird. Sie kann nun ihre Zauberkräfte entfalten und weitergeben.

Um einen Zauber erfolgreich auszuführen, gibt es einige Dinge zu beachten:

- Du musst klar und deutlich eine bestimmte Absicht erklären. Das nennt man Zauberspruch. Dieser sollte so einfach wie möglich formuliert sein und keine negierenden Worte enthalten. Z. B. sollte es bei einem Heilungsspruch nicht heißen: weg mit dir Krankheit, sondern „komm´ herbei Gesundheit. Worte wie *nicht* und *kein* sind auch tabu.
- Du solltest deinen Willen kundtun. D. h. du willst das aus tiefstem Herzen, was du herbeizaubern möchtest.
- Du bist bereit, die Konsequenzen zu tragen. Manchmal werden durch Zauber notwendige Loslösungsprozesse eingeleitet, die zunächst sehr unangenehm sein können. Wenn du z. B. in einer verletzenden Beziehung steckst und deshalb immer Rückenschmerzen hast und du einen Zauber wirkst, um die Schmerzen loszuwerden, kann es durchaus passieren, dass zuvor die Beziehung aufgelöst werden muss.
- Der Zauber braucht deine Unterstützung: du musst das leben, was du haben willst, sonst funktioniert das nicht. Wenn du einen Zauber wirkst und auf dem Sofa die Erfüllung des Zaubers abwartest, wird sich sehr wahrscheinlich nicht viel tun.

---

[18] Zur Mittsommernacht und Halloween ganz besonders.

- Du kannst durch eine Visualisierung deinen Zauber zusätzlich unterstützen: wenn du krank bist, dann stelle dir während des Zaubers vor, wie du glücklich, gesund und zufrieden über eine Blumenwiese hüpfst.
- Zauber loslassen und abwarten.

Ein magisches Ritual braucht als erstes eine Vorbereitung (Schaffung eines heiligen Ortes, der Zauberspruch, die Zutaten), einen Anfang (Anrufungen der Himmelsrichtungen), einen Mittelteil (Anrufung der Göttin, Durchführung des Zaubers) und ein Ende (ein Dankeschön an alle herbeigerufenen Wesen und eine Verabschiedung – danach eine Erdung mit leckerem Essen und Trinken). Eine Nachbereitung wäre ein Eintrag in das eigene magische Tagebuch, um später nachvollziehen zu können, wie, ob und wann der Zauber gewirkt hat.

Unter Hexenmagie versteht man Techniken wie Kerzen- und Farbenmagie, Runenmagie, Zaubern nach dem Mondstand und Planeten, Heilbeutel, Rituale mit Tarotkarten und Pentagrammrituale (ich zähle jetzt nur die Dinge auf, die ich auch in diesem Buch behandle. Natürlich gehört auch das große Gebiet der Kräuterheilkunde zur Hexenheilkunde).

Magie ist Veränderung, Selbsterkenntnis und Wirkkraft.
Wenn wir uns verändern, verändern wir auch unser Umfeld.
Mit Magie ist alles möglich und machbar.

Schamanische Techniken

Als erstes möchte ich anmerken, dass ich keine Schamanin bin oder mich so bezeichne, sondern ich beziehe in meine magische Arbeit schamanische Techniken ein.

Nur die Gemeinschaft kann jemanden als Schamanen bezeichnen. Da wir aber in unseren Städten eher weniger von Gemeinschaften im Sinne der indigenen Völker reden können, müssen wir uns letztendlich unsere Gemeinschaft selber schaffen: die eigene Familie, Freunde, Menschen, die unsere Fähigkeiten zu schätzen wissen.
Das spielt sich häufig in einem sehr kleinen Rahmen ab, ist aber dafür umso intensiver.
Eine mongolische Schamanin kümmert sich auch in erster Linie um ihre eigenen Leute. Erst wenn sie sich einen Namen gemacht hat, werden die Menschen auch von weiter weg zu ihr kommen.

Schamanische Techniken unterscheiden sich eigentlich nur durch ihre Trommel- und Trancegesänge gegenüber den Techniken der Hexenmagie.
Das ist etwas, das mir beim Hexenkult immer so ein wenig gefehlt hat: dieses körperliche Aus-sich-heraus-gehen, dieses absolute Abschalten der Realität und die ganz besondere Tiefe der Magie. Ich behaupte, dass schamanische Techniken eine ganz besondere Feinheit der Magie sind. Eigentlich kann ich das gar nicht richtig in Worte fassen, weil man es nur am eigenen Körper erfahren kann.

Die schamanische Reise kann man gleichsetzen mit den tiefen Meditationen, in denen man in die Anderswelt reist. Das Krafttier ist der Familiar der Hexe. In den Ritualen werden die Elemente gerufen und geehrt.
Wenn man viele schamanische Reise mit Trommelbegleitung unternommen hat, kann man irgendwann auch auf die Trommel verzichten. Sobald man sich in eine Stille begibt, in der man Trommeln visualisiert, kann man schnell in eine Trance fallen.
Ebenso werden im Schamanismus Rituale zelebriert, um das Wetter zu beeinflussen, damit es eine reiche Ernte gibt.
Im Schamanismus wird sehr viel mit den Wesen der anderen Welten zusammengearbeitet, um Ratschläge für die hiesige zu erhalten. Irgendwo habe ich mal gelesen: „In der Magie der unteren Welt liegt der Schlüssel zum Überleben in der diesseitigen Welt."

Zusammenfassung

Wie ich hier dargelegt habe, sind Reiki und die Hexenmagie schamanische Techniken, die sich aus alten Überlieferungen, örtlichen Begebenheiten und Mysterien, sowie neuzeitlichen Wiederentdeckungen entwickelt haben. Trotzdem mache ich hier Abgrenzungen, auch wenn das nicht immer so gut möglich ist.
Jede einzelne Technik hat es verdient, dass man sich ihr voll und ganz widmet und sie kennen und lieben lernt.

Bei Behandlungen verhält es sich auch so, dass Reiki manchmal besser ist, in anderen Fällen ein energiegeladener Trancetanz oder ein feinausgearbeitetes Hexenritual. Es kommt darauf an, wen man behandelt: Tiere sprechen in der Regel sehr gut auf Reiki an und auf die schamanische Technik des Herausziehens von störenden Energien im Körper. Einige Menschen bevorzugen Trancetrommeln, damit sie mit auf Reisen gehen können oder Abräucherungen.
Alte kranke Menschen in Altenheimen oder Krankenhäusern sind mit Reiki-Anwendungen sehr zufrieden.
Wenn man auf mehrere Techniken zurückgreifen kann, ist man in der Lage selbst Rituale zur Heilung zu kreieren. Außerdem kann man auch leider nachts keine geräuschvollen schamanische Rituale in der Stadt zelebrieren, ohne dass sich jemand gestört fühlt. Vielleicht wurden auch aus diesem Grunde Heiltechniken ins Leben gerufen, die in Ruhe und Stille zelebriert werden.

Je öfter eine Technik angewendet wird, desto kraftvoller wird sie auch. Das wirst du spüren, wenn eine gewisse Routine eingetreten ist. Du wirst auch selbst feststellen, mit welchen Techniken du am liebsten oder erfolgreichsten arbeitest. Das sind Erfahrungswerte, die du in dein magisches Tagebuch eintragen kannst.

Du kannst deine Lieblingstechnik verfeinern, verändern, ganz so wie du es willst oder dein Heilergeist es dir mitteilt. Eine Heilerin verlässt sich auf sich, und wenn du doch mal eine Eingebung brauchst, dann mache kleine Zettelchen mit den Seitenzahlen dieses Buches, auf denen die Techniken beschrieben sind. Lege sie in ein Döschen und ziehe bei Bedarf eines und, voilá, du weißt, was du nun tun kannst.

Oder stelle dich in Richtung Osten und bitte um eine Inspiration.

Spirituelles Heilerhandwerkszeug

Für meine Heilrituale verwende ich verschiedene Gegenstände, die sich im Laufe der Zeit bei mir eingefunden haben oder die ich mit viel Liebe und Energie selbst hergestellt habe.

Der Hexenbesen

Wenn man als Hexe tätig ist, dann ist ein schöner Reisigbesen ein absolutes Muss. Er beschützt die Wohnung und wehrt unerwünschte Energien ab. Mit ihm gehe ich auf Reisen in ferne Welten und lege ihn als Schwellenhüter an den Rand eines magischen Kreises auf den Boden.
Bei Krankheiten oder unerwünschten Energien fege ich mit ihm alles hinfort, was im Zimmer nichts mehr zu suchen hat. Ich reinige mit ihm die Atmosphäre eines Raumes und sogar die eines ganzen Hauses.

Die Trommel

Für schamanische Reisen oder bei bestimmten Heilritualen wie Einzelrituale benutze ich meine Bodhran. Sie ist eine irische Rahmentrommel. Auf ihr spiele ich den Rhythmus unserer Herzen oder den der Mutter Erde, um in andere Welten zu reisen, Heilungen durchzuführen und um Seelenanteile zu der zu behandelnden Person zu führen.
Der monotone Trommelschlag öffnet mich für meine Helfergeister und hält auf der gesamten Reise meine Energie aufrecht.
Die Trommel kann auch dazu verwendet werden, Blockaden im Körper zu lösen.
Bei den mongolischen Schamanen sagt man, dass die Trommel einen eigenen Geist hat und niemals in fremde Hände gelangen darf. Wenn der Schamane stirbt, wird die Trommel zerstört, damit auch der Geist der Trommel befreit wird. Eine fremde Person könnte mit einer gebrauchten Trommel echte Schwierigkeiten bekommen.
Die Trommel sollte eine Rahmentrommel sein, die man noch mit bunten Bändern und/oder Federn verzieren kann. Auf das Fell kann man magische Zeichen mit Acrylfarbe[19] malen, z. B. den eigenen Heilernamen[20] in einer

---

19 Oder mit wasserfester Tusche oder Ölfarben. Diese Farben müssen nicht fixiert werden, wie mir versichert wurde. Ich habe nach langem Hin- und Herüberlegen mich dazu entschlossen, meine Trommel nicht anzumalen.

20 Das sollte wie ein geheimes Zeichen aussehen, damit niemand in der dies- und jenseitigen Welt deinen magischen Namen herausfinden kann – siehe Kapitel Heilernamen.

Runensigill, dein Krafttier oder einen Abdruck deiner Hand. Damit die Farbe nicht abblättert, kann man das Bild mit Eiklar[21] fixieren.
Zur Bodhran gehört ein Schlegel, den ich an einem Ende mit Filz umwickelt habe. Der Klang der Trommel ist dann weicher und angenehmer.
Wer mag, kann am anderen Ende des Schlegels noch bunte Bänder, Lederfransen oder Glöckchen befestigen. Mit Glöckchengebimmel ruft man die feinen kleinen Geister herbei.
Die Trommel ordne ich dem Norden bzw. der Erde zu.

Die Rassel

Die Rassel hat die gleichen Aufgaben wie die Trommel. Wenn ich mich nach draußen begebe, spät abends ein Ritual zelebriere oder in einer Umgebung bin, in der ich keinen „Krach“ machen kann, verwende ich eine Rassel in Form eines Eis (bekommt man im Musikalienhandel – auch Ei Shaker oder Egg Shaker genannt – es gibt sie aus Holz und Kunststoff) oder eine bemalte Stabrassel aus Peru[22]. Eine Rassel verwende ich gerne, um im Körper Blockaden oder unerwünschte Energien ausfindig zu machen, damit sie mit der Rassel gelöst werden können.
Du kannst auch ganz leicht eine eigene Rassel basteln, aus einer Schachtel mit kleinen Steinchen darin, eine Pillendose mit Perlen, eine Streichholzschachtel mit Perlen oder getrockneten Linsen, eine Teedose mit Perlen oder Linsen, eine kleine Holzschachtel mit Kaktusstacheln oder was dir sonst noch so einfällt.
Die Rassel ordne ich ebenfalls dem Norden bzw. der Erde zu.

Die Feder

Mit einer Schwanenfeder mache ich Räucherrituale, während ich mit meiner Adlerfeder Heilungsrituale unterstütze. Meinen Wildgänsefederfächer verwende ich für Heilrituale, in denen etwas auf den Weg gebracht werden muss (z. B. bei spirituellen Gesprächen).
Eine kleine Bussardfeder oder Adlerfeder verwende ich in Gebeten, indem ich sie am Kiel zwischen meinen Daumen halte (die Hände werden zum Gebet aneinandergehalten).

---

21 Diesen Tipp habe ich von Sonja, einer Schamanin aus Österreich www.raabenweib.de.tl

22 Eine Trommel mit einem Tierfell ist an der frischen Luft meistens wegen des Temperaturunterschiedes oder der Luftfeuchtigkeit nicht sofort einsatzbereit wie eine Rassel.

Ein weißer Gänsefederfächer dient der Reinigung des Körpers und der Aura. Mit ihnen kann man auch feinste Energieströme ausfindig machen. So funktionieren sie ähnlich wie Wünschelruten oder Pendel.
Vogelfedern sind die Verbindung zwischen Erde und Himmel. Federn können ersatzweise auch als Zauberstab eingesetzt werden.
Federn sind ein Zeichen des Ostens und der Luft. Sie können uns dabei helfen, frischen Wind in eingefahrene Verhaltensmuster zu bringen.

Die Räucherschale

Die meisten Rituale werden mit Räucherungen unterstützt, um Kontakt zu dem Göttlichen aufzunehmen oder um eine Person oder einen Ort zu reinigen. Außerdem können sie als Kessel genutzt werden, wenn man Zettelchen verbrennen möchte. Mittlerweile gibt es Hexenkessel in verschiedenen Größen, die einen Deckel haben. Das finde ich persönlich sehr praktisch.
Eine Räucherschale steht für das Weibliche und das Element Wasser, die Kräuter für die Erde, das Streichholz für das Feuer und der Rauch für die Luft. Eine Räucherung beinhaltet alle vier Elemente und ist deshalb in einer Zeremonie so wichtig. Eine Räucherung alleine ist schon eine Zeremonie für sich.
Da man heutzutage in unseren Breitengraden in den Wäldern aus verständlichen Gründen kein Feuer mehr machen darf, mache ich meine Räucherungen auf meinem Balkon oder in meiner Wohnung (letzteres nur im Sommer, weil es dann warm genug zum Lüften ist).

Der Zauberstab

Der Zauberstab ist ein hexentypisches Zauberinstrument.
Mit einem Zauberstab schickst du deine Absicht und Willen los. Er steht für Feuer und Energie.
Ich bezeichne den Zauberstab gerne als verlängerten Zeigefinger. Mit ihm kann ich Energien bündeln und auf den Punkt genau losschicken.
Ein Zauberstab ist zwischen 30 und 40 cm lang und kann aus Birken-, Buchen-, Haselnussstrauch- oder Eichenholz sein. Nach einem Sturm lassen sich viele Hölzer auf dem Waldboden finden, sodass man keinen Baum verletzen muss.
Das Holz sollte gut getrocknet werden. Dann kann man die Rinde entfernen, wenn man möchte. Mit feinem Schmirgelpapier lassen sich Unebenheiten wegmachen. Jetzt kann das persönliche Sigill oder ein Pentagramm eingeritzt

werden, oder Muster mit einem Dremel[23] in den Zauberstab bohren oder schleifen.
Ein natürlicher Zauberstab kann auch eine Abwurfstange[24] eines Hirsches sein.

Die Athame

Auch die Athame ist ein hexentypisches Zauberinstrument. Sie ist ein Ritualdolch mit einem schwarzen Griff.
Mit der Athame werden Übergänge in andere Welten geschaffen oder geschnitten, wenn man so will. Im Wicca-Kult wird sie für die Öffnung und Schließung der Tore der Himmelsrichtungen genutzt.
Ich verwende sie als Visualisierung bei schamanischen Reisen, um in die Anderswelt zu reisen. Bei meiner Rückkehr versiegle ich mit der Athame die Öffnung bzw. Öffnungen, damit mir keine Wesen folgen können, die in unserer Realität nichts zu suchen haben.

Schamanenstab

Ein Schamanenstab ist ein Werkzeug der Schamanen, der ca. 1m bis 1,80m sein kann. Das muss man für sich selbst entscheiden, ob man ihn ungefähr in der Größe eines Spazierstockes lässt oder ihn in Körpergröße anfertigt.
Der Stab ist ein magisches Instrument, das man selbst herstellen muss, verzieren, segnen und einweihen. Er ist so gesehen der verlängerte Arm des schamanisch Tätigen. Mit ihm ziehst du die Energien der Erde an, in dem du ihn z. B. beim Gehen oder Tanzen verwendest, oder dich hinsetzt und dich auf ihn stützt, während du visualisierst, wie die Erdenergie in den Stab fährt. Natürlich kannst du auch eine Art Antenne an der Spitze mit Federn, einem Stein oder einem gedrehten Stück Holz anbringen, um Energien des Himmels anzuziehen. Erdenergien sind weiblich und Himmelsenergien männlich. Selbstverständlich kannst du auch beide Energien mit dem Stab anziehen und sie sich dort vereinigen lassen.
Diese Energien kannst du für Heilungen entlassen (auch für Fernanwendungen), indem du mit ihm in die Richtung des Patienten zeigst. Oder du lässt den Stab die Energien auf dich übertragen.

---

23 Dremel ist ein Markennamen für eine Minibohrmaschine, mit der man bohren und schleifen kann. Es gibt solche Bohrmaschinen auch von anderen Firmen, z. B. von Proxxon.

24 Abwurfstangen sind die Geweihe, die die Hirsche im Frühjahr abwerfen. Hier kann man sich eine mit Zertifikat bestellen www.deutschewildtierstiftung.de
Wenn man Glück hat, kann man auch eine im Wald finden.

Als Holz eignet sich Birke, Buche oder Eiche und wie beim Zauberstab kannst du entweder nach einem Sturm im Wald auf Suche gehen oder nach gefällten Bäumen schauen, von denen man sich einen Stab mitnimmt[25].

Der Stab wird getrocknet, evtl. von der Rinde befreit und mit Schmirgelpapier bearbeitet. Kleine Astgabeln würde ich nicht entfernen, weil der Stab ja noch verziert werden muss. Es sollten alle vier Elemente vertreten sein, z. B. für Luft Federn und etwas Gelbes, für Feuer eine Chilischote... und etwas Rotes, für Wasser Muscheln und etwas Blaues und für Erde Perlen, Knochen oder Steine und etwas Schwarzes. Die Farben können in Form von Bändern oder Zöpfen aus bunter Wolle angebracht werden. Du musst dich auch nicht an die Farben halten, wie ich sie hier nenne – vielleicht assoziierst du andere Farben für die Elemente oder Himmelsrichtungen[26].

Weiterhin sollten für die Geisterwelt Glöckchen oder klingende Münzen angebracht werden und für die Tierwelt symbolisch ein Stück Webpelz, Pferdehaare, Schlangenhaut, Spinnenhaut, eine kleine Abwurfstange vom Hirsch oder ein versteinerter Haizahn (oder etwas, das dein Krafttier symbolisiert).

Du kannst alles nehmen, was eine Bedeutung für dich und deine Berufung zur Heilerin hat.

Ein Schamanenstab kann auch als Redestab Verwendung finden. Wenn du eine Gesprächsrunde leitest, hat diejenige das Wort, die den Stab hält. Solange sie den Stab hält, darf sie von den anderen nicht unterbrochen werden. Wenn sie fertig ist, gibt sie den Stab einfach weiter.

Schamanengewand – Hexenoutfit

Für schamanische Rituale ziehe ich gerne meine Schamanenjacke[27] an. Meine ist eine mir zu große Jeansjacke (damit ich bei Kälte notfalls noch einen dicken Pulli darunter anziehen kann). Ich habe sie mit selbstgeflochtenen Wollzöpfen geschmückt, die teilweise mit Perlen und Glöckchen versehen sind.

---

[25] Hilfreich bei solchen Aktionen ist ein Schweizer Taschenmesser (Victorinox Multi Tool) mit Säge. Die Säge ist wirklich super.

[26] Die Native Americans verwenden die Farbe rot für den Osten (steht für Beginn), gelb für den Süden (steht für Wachstum, Energie und Heilung), schwarz für den Westen (steht für das Ende, die Tiefe und Visionen) und weiß für den Norden (steht für Wissen und Weisheit der Ahnen und für Führung aus der geistigen Welt).

[27] Beschreibung findest du in meinem Buch „Shapeshifting – die Magie des Gestaltwandelns“, Bohmeier Verlag, 2008.

Für Hexenrituale habe ich ein schwarzes Ritualgewand mit Kapuze aus Samt oder einen schwarzen Satinumhang.
Für Rituale draußen in der Natur, bevorzuge ich eine Fransenlederjacke und einen spanischen schwarzen Hut. Oder auch ganz einfach nur eine Jeansjacke.
Wenn ich nachts im Winter in unserer Wohnung ein kleines Heilritual oder Heilungsgebet spreche und die Heizung schon lange aus ist, lege ich mir eine Decke um, in die ich in der Mitte ein Loch geschnitten habe, sodass sie wie ein Poncho getragen werden kann.
Im Sommer trage ich gerne bei Gebeten etc. einen langen bunten Schal (es ist ein Babytragetuch aus Südamerika) über den Schultern.
Bei bestimmten Ritualen verwende ich gerne eine Kopfbedeckung, um mich nicht ablenken zu lassen. Durch den Kopf bzw. die Schädeldecke geht die meiste Energie und Körperwärme verloren oder auch starke Einflüsse von außen können dort „einfahren". Darum ist es gut, wenn man diesen wichtigen Körperteil mit einem (Hexen-) Hut, einer Schamanenmütze[28] oder einem Tuch abdeckt. So kann man seine Energien besser bündeln und losschicken.
Es ist sehr unterschiedlich, was ich zu meinen Ritualen anziehe.
Das Beste ist, du lässt dich von deiner eigenen Intuition leiten. Auf jeden Fall macht es eine Menge Spaß und ist auch teilweise eine Art der Kontemplation, sich ein Outfit anzufertigen, seine Kraft hinein zu legen und damit zu arbeiten oder zu schamanisieren.
Magische Kleidung gibt der Hexe Schutz auf allen Wegen in alle Welten.

Kraftbeutel – Medizinbeutel

Die Idee für so einen Beutel fand ich bei den Native Americans. Er ist in der Regel ein kleiner Beutel ca. 8 x 12 cm aus Leder, verziert mit Fransen, Federn, Muscheln und/oder Perlen, den man an einem Lederband um den Hals tragen kann. Ein größerer Beutel ist bequem am Gürtel zu tragen.
Ein Kraft- bzw. Medizinbeutel[29] wird mit persönlichen Kraftgegenständen gefüllt, um sie immer bei sich zu haben. Das können Tierhaare sein, eine Muschel, ein bestimmter Stein, ein Kraut oder ähnliches.
Ein Medizinbeutel ist wie eine Art Amulett und soll seine Trägerin auf all ihren Wegen beschützen und ihr in unangenehmen Situationen Kraft und Ausdauer geben.

---

28 Eine Schamanenmütze kann ein Hut oder eine Wollmütze sein, die du mit Dingen verzierst, die dir wichtig sind: das können Federn sein, Perlstickereien, kleine Abwurfstangen etc., Lederfransen, Wollzöpfe etc.

29 Medizin bedeutet nicht Medizin in unserem Sinne, sondern Kraft und Energie, die in jedem Menschen, Tier, Stein oder Pflanze steckt.

Heilerverbündete

Jede Heilerin, Schamanin oder Hexe hat ihre Verbündeten, die sie braucht, um ihre Heilungen durchzuführen.
Im schamanischen Sinne sind es unsere Helfer, die es uns ermöglichen, Anwendungen für die verschiedenen Wesen und für uns selbst herauszufinden und die uns bei der Anwendung hilfreich unterstützen. Auch beim Reiki wird gesagt, dass die Reiki-Anwenderin sich als Reiki-Kanal zur Verfügung stellt und nicht diejenige ist, die heilt.
Eine Heilerin ist so gesehen das Werkzeug der geistigen Wesen und Energien oder auch als Mittlerin zwischen dem Patienten und der geistigen Welt zu verstehen. Sie leitet eine Heilung ein und stellt damit sicher, dass der Wunsch des Patienten weitergeleitet wird. Alles andere liegt bei der Göttin (dem Universum oder wie du es gerne nennen möchtest) und dem Patienten selbst.

Heilerverbündete können Geistführer sein, ein Krafttier oder eine Kraftpflanze, bestimmte Helferchen oder vielleicht auch alle. Das liegt an dir, mit wem du arbeiten möchtest und zu wem du einen besonders guten Draht hast.
Häufig erscheinen uns diese geistigen Wesen in Träumen oder auf Spaziergängen in der Natur. Aber du kannst sie auch in einem Ritual herbei bitten und dich mit ihnen verbünden.

Geistführer – Heilergeist

In einem Buch über mongolischen Schamanismus las ich, dass man sich seinem Geistführer (Heilergeist) nicht verschließen sollte. Er hat, wenn man ihm oder ihr zuhört, wertvolle Informationen über dich oder die Patientin und gibt auch Hilfestellungen beim Ausarbeiten von Heilmethoden.
Wenn du selbst krank bist, kannst du ihn bitten, dir auf die Sprünge zu helfen, damit du weißt, was du jetzt in diesem Augenblick für dich tun kannst, damit es dir schnell wieder besser geht.
Ein Heilergeist ist eine helle Energie[30] (ein Energieball oder ein Energieei), die sich in jeder Form und fast jeder Farbe zeigen kann, die du ihm gibst. Vielleicht lässt du auch einfach seine Energieform so wie sie ist, aber meistens können wir Menschen besser mit jemandem kommunizieren, wenn er eine menschliche Form annimmt. Vielleicht war er sogar früher ein Mensch, vielleicht sogar ein Schamane. Aber das wirst du sicher herausfinden.

---

[30] Wie wir wissen, haben Seelen oder Geister keine bestimmte körperliche Form. Wir sehen letztendlich nur das, was wir sehen wollen. Denn auch wir sind in der Anderswelt eine Energieform und kein Mensch im körperlichen Sinne.

Wie man einen Heilergeist findet

Ich muss zugeben, dass ich gar nicht darüber nachgedacht hatte. Nach zahlreichen Anwendungen erschien er mir im Traum[31] und meinte, dass ich Hilfe gebrauchen könnte. Wir unterhielten uns in tiefen Meditationen und es wurde klar, dass ich Hilfe brauchte. Ich nahm sie dankbar an, denn nun bekomme ich wertvolle Hinweise darauf, wie ich Anwendungen für die verschiedensten Wesen ausarbeite. Oder er hilft mir bei eigenen Beschwerden, in meinen eigenen Körper zu horchen, damit ich mir selbst helfen kann. Wenn ich krank bin, bekomme ich nur Hinweise darauf, was ich so gesehen falsch gemacht habe und der Rest liegt dann ganz bei mir. Häufig reicht auch eine Erinnerung daran, was mir in der gleichen Situation früher schon mal geholfen hat. Das intensive in sich Hineinhorchen birgt letztendlich jede Antwort auf unsere Fragen. Man muss es nur zulassen und auf sich selbst hören.

Um einen Heilergeist „anzulocken", kann man ein kleines Ritual machen, in eine tiefe Meditation gehen, einen Traum vorprogrammieren oder eine schamanische Reise machen. Wer sich bereits viel mit Heilung beschäftigt hat, wird schon das eine oder andere Mal „Besuch" vom Heilergeist erhalten haben. Wenn du z. B. bei deinen Anwendungen eine Stimme vernimmst, dass du jetzt lieber das oder das machen solltest, dann hat dir das dein Heilergeist zugeflüstert. Um ihn zu ehren, kannst du ihm eine Gabe geben oder einfach mal nachfragen, was du für ihn tun kannst.

Wenn du ein kleines Ritual machen möchtest, um deinen Heilergeist kennen zu lernen, kannst du nach der Anrufung der Himmelsrichtungen darum bitten, dass er sich dir offenbart. Frage ihn u.a. auch nach seinem Namen, weil es dann später einfacher ist, sich mit ihm zu verbinden.

Egal, welche Methode du wählst, sage immer klar und deutlich, was du willst und nenne dabei deinen Heilernamen. Bedanke dich nach jedem Treffen für sein Erscheinen und spendiere ihm eine kleine Aufmerksamkeit[32].

Um sich mit einem Heilergeist zu vereinigen, kann man eine Art „Mystische Hochzeit" feiern. In Afrika ist das bekannt und man muss dann einen Tag in der Woche mit seinem Geist verbringen, ihm Gaben hinstellen und sich mit ihm beschäftigen.

Ich habe mir damals einen Ring aus Arizona gekauft, der wellenartige Muster hat, als Zeichen des heiligen Wassers, das uns heilt. Zuhause habe ich den

---

[31] In meinem Horoskop steht die Sonne in der Waage und der Mond in den Fischen, was für ein bedeutungsvolles Traumleben spricht. Aleister Crowley hat übrigens die gleiche Konstellation in seinem Horoskop. Er hat am gleichen Tag wie ich Geburtstag.

[32] In Form eines Schnapses, eines naturbelassenen Apfels, etwas Tabak etc.

Ring gesegnet und geweiht. Wenn ich die Hilfe meines Heilergeistes brauche, lege ich den Ring als Zeichen unserer Verbundenheit an und wir können miteinander kommunizieren.

Heilerkrafttier

Eigentlich habe ich schon verschiedene Krafttiere, aber als ich mich verstärkt der Heilkunde widmete, kam noch eines dazu, das mir nur bei Heilungen beisteht.
Es fühlte sich wie ein heißer Blitzschlag in mein Sonnengeflecht an, als es sich mir Mitte Dezember 2008 vorstellte.
Mein Mann und ich gingen an einem kalten Dezembertag spazieren. Wir standen auf einem künstlich angelegten Berg und schauten in die Ferne. Irgendwann hatte ich das Gefühl, dass jemand hinter mir ist. Ich drehte mich um und entdeckte auf einem Zaunpfahl einen Turmfalken. Er blieb sitzen und ließ sich von mir fotografieren. Ich rückte ihm schon regelrecht auf die Pelle, aber er plusterte sich wegen des kalten Windes nur auf.
Ich nahm die Kamera herunter und schaute mir den Greifvogel eingehender an. Plötzlich bekam ich einen heißen Strahl in meinen Brustkorb, der mein Sonnengeflecht und mein Herz erwärmte. Ich hatte mich richtig erschrocken, weil mir sonst nicht so richtig warm war, und ich hatte gedacht, jetzt weiß ich wirklich, was ein Krafttier ist. Er hat mir seine Kraft gegeben, damit ich meine Heilungen besser durchführen kann. Später teilte er bzw. sie noch ihren Namen mit, damit ich sie besser rufen kann.
Falken sind übrigens wichtige Heiltiere der Native Americans im Südwesten der USA. Die Federn werden zu Heil- und Regenritualen eingesetzt.
Die Methode ein Heilerkrafttier[33] zu finden, ist ähnlich wie beim Herbeirufen eines Heilergeistes.

---

[33] Zum Thema „Krafttier“ findest du ein Kapitel in meinem Buch „Shapeshifting“, Bohmeier Verlag.

Heilerkraftpflanzen

Es gibt eine Geschichte[34] *der Native Americans, in der sich die Tiere darüber beschweren, dass die Menschen sie abschlachten, ohne sich bei ihnen zu bedanken oder sich zu entschuldigen. Die Tiere überlegten, was sie tun könnten, aber erst die Insekten, Würmer und andere Tierchen brachten sie darauf, dass sie den Menschen unangenehme Krankheiten und Seuchen schicken. Die Pflanzen, die mit der Behandlung seitens der Tiere nicht so ganz einverstanden waren, schließlich wurden sie von den Tieren einfach abgefressen und zertrampelt, hatten Mitleid mit den Menschen. Für jede Krankheit stellten sie ein Kraut zur Verfügung. Dann schickten sie einem Medizinmann einen Traum. In diesem Traum sagten sie zu ihm, dass sie den Menschen bei jeder Krankheit helfen, aber sie müssten die Pflanzen dazu um Hilfe bitten.*

Als es in den letzten 12 Jahren vermehrt zu Krankheiten in meiner Familie kam, fing ich an, mich verstärkt mit Kräuterkunde zu beschäftigen.
Ich lernte viele Kräuter kennen und hatte einige auf meinem Balkon angepflanzt und getrocknete bei einem Versand für Hexen bestellt oder im Bioladen gekauft.
Ich machte Tees, Tropfen und Zauberbeutel. Aber irgendwann waren meine Schränke voller Gläser und zahllosen Tüten mit Kräutern. Die meisten brauchte ich nur hin und wieder, sodass es mir häufig leid tat, alte Kräuter wegwerfen zu müssen.
Zur Walpurgisnacht übergab ich sie dem Feuer und kaufte wieder neue ein.
Man sagt, dass getrocknete Kräuter eine Haltbarkeit der Wirkstoffe von 6 Monaten haben.
Wer selbst Kräuter zieht, kann sie am 15. August ernten und trocknen oder sie bis zum 15. August frisch verwenden.
Als ich krank wurde und in mich hineinhorchte, kam ich auf eine andere Idee, um mit Kräutern zu arbeiten: ich suchte mir während einer schamanischen Reise in die Anderswelt meine ganz persönliche Kraftpflanze. Auf der einen Seite unterstützt sie mich mit ihren eigenen Fähigkeiten[35] und auf der anderen Seite hilft sie mir dabei, andere Pflanzen, bzw. Pflanzengeister zu finden.

---

[34] Gefunden in dem Buch „Der Bär – Krafttier der Schamanen und Heiler“ von Wolf Dieter Storl, At Verlag 2009, stark verkürzt.

[35] Meine Kraftpflanze ist der Salbei, der für viele Beschwerden eingesetzt werden kann. Wenn er meint, dass eine andere Pflanze besser auf den hilfesuchenden Menschen wirkt, dann teilt er mir das mit. Man kann sicher auch mehrere Kraftpflanzen haben und mit ihnen arbeiten, bei mir ist es „nur“ die eine.

Ich lernte, dass es nicht nötig ist, ein ganzes Sammelsurium an Kräutern zu besitzen, von denen man nur einen kleinen Teil verwendet. Der Geist der Pflanzen arbeitet auch auf einer energetischen Ebene, die für uns leicht erreichbar ist.
Es gibt mehrere Möglichkeiten, mit Pflanzengeistern zusammen zu arbeiten. Dafür ist eine gewisse Kräuterkunde ganz nützlich. Eine Auswahl findest du im Anhang 2. Wenn dort ein Kraut fehlt, das sich dir offenbart, dann nimm' doch einfach ein Kräuterbuch zur Hand.

Natürlich sollst du jetzt nicht deine Kräuter wegwerfen und keine mehr verwenden, aber wenn du neue Möglichkeiten der Energie-Heilung kennenlernen möchtest, bist du hier genau richtig.
Für manche Methoden kannst du auch zusätzlich Kräuter in frischer oder getrockneter Form verwenden.
Diese Art der Energieheilung lässt es zu, auch mit Pflanzen zu arbeiten, die nicht so ohne weiteres verfügbar sind. Einige Pflanzen sind geschützt (Schlüsselblume), giftig (Alraune) oder nur für viel Geld zu kaufen (die Wurzel High John the Conqueror).

Pflanzen sind, genau wie du und ich, ein Teil dieser Welt. Ihre Anordnung ist allerdings anders als bei uns Menschen. Die Fortpflanzungsorgane sind oben (Blüten), während der Großteil der Nahrungsaufnahme durch die Wurzeln erfolgt. Man sagt, dass ihr Gehirn die ganze Pflanze sei und ihre Seele über ihr schwebt.

Lerne deine Kraftpflanze kennen

Die wichtigste Aufgabe für dich ist nun, dich für die Welt der Kräuter zu öffnen, ihre Seelen zu spüren und die Liebe zu empfinden, mit der Pflanzen uns reich beschenken.
Häufig melden sich Pflanzen, die dir viel zu sagen haben, bzw. die sich dir nahe fühlen oder umgekehrt.
Eine sehr schöne Methode, um die eigene Kraftpflanze kennen zu lernen, ist in die Natur zu gehen und darum zu bitten, sich zur richtigen Pflanze führen zu lassen.
Ob das im eigenen Garten ist, im ostfriesischen Flachland oder in den bayrischen Bergen, das ist egal.
Wenn du viele Kräuter auf der Fensterbank stehen hast, kannst du dich vor die Fensterbank stellen und um eine Offenbarung bitten.

Du kannst das in einer Meditation machen (also beim Gehen/Stehen meditieren) oder du nimmst eine Rassel und rasselst über den Pflanzen. Sobald sich der Ton der Rassel verändert, hast du die richtige Pflanze gefunden.
Um deine Kraftpflanze einzuladen, solltest du es dir gemütlich machen.
Du kannst entweder zu einer schamanischen Reise trommeln oder trommeln lassen oder dich in tiefe Meditation begeben. Der Weg bleibt dir überlassen, alle sind gleich erfolgreich.
Zuerst musst du die feste Absicht erklären, sie kennen zu lernen, um dich selbst und andere zu heilen. Eine Anrufung könnte lauten:

„Ich (dein magischer Name) rufe den Geist des Krautes, das für mich (Name) hilfreich ist. So soll es sein.“

Oder:

„Ich (dein magischer Name) rufe meine Kraftpflanze, die mich (Name) bei Heilungen/Einweihungen begleiten möchte. So soll es sein.“

Wenn du deine Kraftpflanze kennen gelernt hast, kannst du, wenn es sich z. B. um ein gängiges Küchenkraut (Salbei, Basilikum etc.) handelt, sie als lebende Pflanze auf die Fensterbank stellen oder dir auch ein Bild besorgen.
In die Natur zu gehen und schöne Pflanzenfotos[36] selbst zu machen, kann auch eine besondere Form der Kontaktaufnahme mit Pflanzengeistern sein. Vielleicht entdeckst du dabei dein fotografisches Talent.
Vielleicht bist du sogar in der hervorragenden Situation und hast einen eigenen Garten oder wohnst so in der Natur, dass du dort vom Autoverkehr unberührte Kräuter und Pflanzen findest.
Du kannst deine Kraftpflanze bitten, etwas über ihre Wirkkraft zu offenbaren. Zur Bestätigung kannst du das gerne nachlesen. Bitte bedanke dich nach jedem Kontakt mit deiner Kraftpflanze und frage sie, ob du etwas für sie tun kannst.

Arbeiten mit der Kraftpflanze

Die Kraftpflanze unterstützt dich dabei, für dich und andere Wesen weitere Pflanzengeister, wenn es nötig ist, zu finden.

Wenn du einen bestimmten Pflanzengeist für dich oder eine Patientin finden möchtest, hast du mehrere Methoden zur Auswahl:

---

[36] Wer nicht in einer kräuterreichen Umgebung lebt, kann auch einen Botanischen Garten besuchen.

- ist die Patientin anwesend, nehme ihre Hände in deine Hände und bitte deine Kraftpflanze um das richtige Kraut für diese Frau.

Eine Anrufung könnte lauten:
„Ich (magischer Name) bitte dich, liebe Kraftpflanze[37]*, zeige mir den Geist des Krautes, das für diesen Menschen (Name) mit seinen Beschwerden (Name) hilfreich ist.“* – Ist die Patientin nicht anwesend, erfühlst du die Energie der Patientin mittels eines Fotos und/oder ihrer persönlichen Daten und bitte dann deine Kraftpflanze um das richtige Kraut.
Natürlich kann es vorkommen, dass hier „nur“ deine Kraftpflanze zum Einsatz kommen soll, aber das wird sie dir dann mitteilen.

Anwendungsmöglichkeiten:

- Wenn du die Hände der Patientin hältst, bitte deine eigene Kraftpflanze oder den Geist der gechannelten Pflanze, heilende Energien zu der Frau zu schicken (das geht auch bei Fernanwendungen). Das kannst du auch mit anderen Handpositionen machen, z. B. mit den Reiki-Handpositionen. Dabei stellst du dir die jeweilige Pflanze in deiner Handfläche vor, bevor du sie auflegst.
- Eine Anrufung könnte lauten: *„Ich (Name) rufe den Geist des Krautes, damit er meine Hände (Finger) führt. So soll es sein.“*
- Wenn du weißt, welches Kraut das richtige für die Patientin ist, schickst du seine Energie mit einem Lichtstrahl in das Herz-Chakra der Patientin. Oder wenn du genau weißt, wo die Beschwerden sind, kannst du diese Energie auch an die genannte Stelle schicken.
- Eine andere schamanische Methode ist, eine Pflanze auszusuchen, einen Tee davon zu kochen und ihn selbst zu trinken. Nun kannst du den Wirkstoff energetisch an die Patientin weitergeben. Diese Methode hilft z. B. Menschen, die nichts zu sich nehmen können, weil sie so schwerkrank sind.

Heilungsreise:

Diese Reise kannst du für dich machen oder für eine Patientin.
Reise auf den Tönen eines Rhythmus oder in einer tiefen Meditation in die Anderswelt.
Wenn du für dich reist, rufe deine Kraftpflanze herbei und bitte sie, die Stelle an deinem Körper zu heilen, die dir Schmerzen (oder ähnliches) bereitet. Das kannst du natürlich auch für jemand anders tun.

---

[37] Ein Name für deine Kraftpflanze ist sehr von Vorteil. Das kann ihr normaler Name sein, ein Teil ihres biologischen Namens, ein Göttinnenname usw.

Wenn du für eine andere Person reist, kontaktiere deine Kraftpflanze und bitte sie, dich zur Kraftpflanze der Person zu führen. Gib deinem Pflanzengeist die Aufgabe, sich mit dem der anderen Kraftpflanze zu verbinden, um ihr zu zeigen, wie sie ihrem Menschen am besten helfen kann. Hier gehe ich davon aus, dass jeder Mensch eine Kraftpflanze hat.

Zusatzinformationen für Anwendungen:

Wenn du eine Selbstbehandlung durchführst, kannst du deine Pflanze oder dich selbst oder beides zusammen im dritten Auge visualisieren.
Außerdem kannst du die jeweilige Person im dritten Auge – ob nun anwesend oder auf Entfernung – sehen und beobachten, wie die spirituelle Kraft der Pflanze an dem Menschen arbeitet. Die spirituelle Kraft oder Energie einer Pflanze taucht häufig in einem zarten Grün auf, manchmal ist sie auch gelb.
Es ist sehr wichtig, dass du die Pflanze, die in deinem dritten Auge erscheint, nicht kontrollierst, sondern einfach nur ihre Arbeit machen lässt.

Es kann sein, dass du für ein und die gleiche Krankheit bei zwei verschiedenen Menschen auch zwei verschiedene Kräuter verwendest. Es kommt eben auf den Menschen an und nicht auf die Krankheit.

Bedenke, dass die energetischen Kräfte denen der lebenden Kräuter gleich sind, wenn auch sanfter und meistens ohne die Nebenwirkungen.

Wenn du mit Alraune, Bilsenkraut oder bestimmten Pilzen energetisch arbeitest, können auch unerwünschte Nebenwirkungen auftreten, die aber im Gegensatz zur tatsächlichen Einnahme nicht tödlich sind.

Bei energetischen Behandlungen kann immer eine Erstverschlimmerung auftreten, weil sich der Körper auf die neue Energie einstellt und alte, unerwünschte Energien loswerden will. Auch das ist kein Grund zur Sorge.

Es kann passieren, dass du ein Kraut für einen kranken Menschen findest, das mit der Krankheit gar nichts zu tun hat. Das sollte dich nicht beunruhigen, sondern es so nehmen, wie es ist. Häufig sind Krankheiten auch spiritueller Natur (selbst wenn sie sich nur körperlich zeigen). In diesem Fall wirkt die Pflanze mental auf die Seele des Menschen ein.

Die Pflanze weiß selbst, was sie zu tun hat oder auch nicht.
Viele Kräuter können mehrere Aufgaben erfüllen, z. B. wirkt Brennnessel als Haarwuchsmittel, aber auch als Entschlackungstee. Wir dürfen nicht vergessen, dass Pflanzen ihre eigene Intelligenz haben und ihre Aufgaben genau kennen. Und sie heilen nur dann, wenn wir sie darum bitten.

Helferchen

Ich bin zu meinen Helferchen gekommen, als ich vor vielen Jahren folgende Übung gemacht hatte: in einer Visualisierung sollte ich mir einen Gegenstand vorstellen, der zu schmerzenden Gegenden im Körper reist und diese Stellen so gesehen repariert. Ich suchte mir eine blaue Kugel aus, die ungefähr die Größe eines Tennisballes hatte.

Als ich dann mal Zahnschmerzen hatte, war die Kugel irgendwie zu groß und ich ließ sie auf Stecknadelgröße schrumpfen. Sie glitt zu meinem schmerzenden Zahn und versuchte ihr Glück.

Als ich dann später meiner Katze helfen wollte, versuchte ich die blaue Kugel zu visualisieren, aber stattdessen kamen weiße Lichtpunkte. Sie hüpften vor meinen Augen auf und ab und waren irgendwie ganz aufgeregt. Sie schnatterten herum, aber ich konnte sie nicht verstehen. Das tue ich auch heute noch nicht, aber wenn ich sie rufe, sind sie da. Ich bereite dann die Anwendung vor, indem ich den Körper reinige und die unerwünschten Energien aus ihm beseitige. Diese schüttle ich dann mit der Bitte ins Universum, dass sie transformiert werden. Danach beginnt die Arbeit der Helferchen (ich rufe sie herbei, in dem ich dreimal tief ein- und ausatme und sie vor meinen Augen erscheinen. Ich halte sie in meinen geöffneten Händen, sage ihnen, wo es hingeht und puste sie an, damit sie losschwirren), in dem sie die entstandene Lücke im Körper der Patientin mit reiner Energie füllen.

Natürlich schicke ich sie mir auch selbst, wenn ich irgendwo Schmerzen habe (bei Zahnschmerzen z. B. oder wenn ich zum Zahnarzt gehe). Ich lasse sie dann solange wirken, wie sie möchten und oft fühle ich mich nach ihrer Behandlung richtig gut. Wenn ich sie vor dem Schlafengehen „engagiere“, dann geht es mir morgens immer sehr viel besser.

Heilername

Für Hexennamen gilt, dass man meistens zwei Namen hat: einen für die Öffentlichkeit und einen für die magische Welt. Das gleiche gilt auch für einen Heilernamen.
Meinen diesseitigen Heilernamen habe ich von einer befreundeten Deutschen erhalten, deren Großmutter Lakota-Indianerin war.

Der magische Heilername ist u.a. dafür da, dass man sich in der Anderswelt und anderen Welten „anmelden" kann und jedes Wesen dort weiß, wer ich bin. Mein Heilername ist nicht nur die Kennzeichnung meiner Seele, sondern auch Bestandteil meines Kraftliedes[38].
Den magischen Namen sollte niemand außer dir kennen, denn wer diesen Namen weiß, kann Macht über dich erlangen.

Ein Heilername kann ein Göttinnenname[39] sein, ein in einem kleinen Ritual gefundener oder ein Fantasiename. Bitte einfach in einer kleinen Zeremonie oder tiefen Meditation um einen magischen geheimen Namen:
„Göttin der Heilkunde, bitte sende mir einen Namen, unter dem ich Heilungen initiieren kann. So soll es sein."
Vielleicht sprichst du deinen Wunsch auch einfach nur laut aus, bevor du ins Bett gehst, damit er während eines Traumes zu dir kommen kann.
Man sagt, dass man einen sogenannten natürlichen Namen hat, den jeder aus der Anderswelt kennt.
Dazu kannst du in die Natur gehen und auf ein für dich besonderes Ereignis warten. Oder vielleicht triffst du auf eine Pflanze oder ein Tier, oder eine Feder fliegt dir vor die Füße.

Wenn du einen Namen erhalten hast, solltest du ihn in jedem Ritual auch verwenden, damit alle Wesen der Anderswelt wissen, wen sie vor sich haben. Bei Gruppenritualen oder wenn andere Leute anwesend sind, kannst du entweder deinen öffentlichen Namen verwenden oder den magischen Namen nur murmeln.
Wenn du einen Kraftort hast, kannst du z. B. deinen Namen dort herausrufen, um dich dort vorzustellen. Du wirst in dem Moment spüren, dass der Name auch eine Veränderung hervorrufen kann. In dir selbst und/oder an dem Ort, an dem du das machst. Du kannst deinen Namen auch singen oder herausbrüllen, flüstern oder summen. Und jedes Mal, wenn du diesen Ort wieder betrittst, wirst du spüren, dass du bereits „Fußspuren" dort hinterlassen hast.

---

38 Darüber schreibe ich im nächsten Kapitel.

39 Im Anhang 3 findest du eine Liste mit Göttinnen der Heilkunde.

Heilerkraftlied

Beim Singen werden meistens ganz besondere Kräfte freigesetzt. Mit einem Lied werden Geister angelockt, man kann sich in Trance singen oder Energien in sich herabziehen und später für Heilungen freisetzen. Liebevoll gesungene Lieder beruhigen Mensch und Tier gleichermaßen und heilen Körper, Geist und Seele.

Es ist nun nicht so, dass ich eine supertolle Singstimme hätte (bin da eher realistisch eingestellt), aber es macht mir Freude und ich fühle mich beim Singen einfach gut. Singen befreit von angestauten Energien, löst Blockaden und das nutze ich auch bei meinen Selbstanwendungen. Man kann laut singen oder eher summen, in der eigenen Muttersprache oder in einer Fantasiesprache. Ich verwende Teile meines magischen Namens in meinem Kraftlied. Das ist dann, so gesehen, ein Heilerkraftlied, das ich auch nur für Heilungen singe. Für andere Lieder verwende ich auch gerne meine Trommel oder meine Rassel. Das mache ich, wenn ich etwas segnen oder begrüßen[40] möchte.

Ein Heilerkraftlied hat viel mit der eigenen Intuition zu tun. Man kann darauf warten, ob sich eines in einer Vision oder Meditation zeigt oder man kann auch einfach nur vor sich hinsummen, bis man glaubt, die richtige Melodie gefunden zu haben. Wenn man einen leichten Liedtext haben möchte, dann sollte man auf Vokale und weiche Konsonanten[41] zurückgreifen. Ein Beispiel ist das „Heja – heja“ der Native Americans.

Ein Heilerkraftlied sollte aus möglichst wenig Worten bestehen und eine ganz einfache Melodie haben, damit man nicht lange überlegen muss, wenn man es singen möchte. Sei einfach deine eigene Komponistin und probiere herum. Besonders viel Spaß macht so was in einem Raum, der viel Hall hat, z. B. der eigene Hausflur. Du kannst auch in die Natur gehen und dich von den Geräuschen oder Gesängen der Vögel dort inspirieren lassen oder singst den Namen deiner Lieblingsgöttin (oder auch mehreren). Wenn man ein Wort aussprechen kann, kann man es auch singen. Dazu kannst du die Betonung des Wortes beibehalten. So kannst du dir die Melodie auch besser einprägen.

Eine weitere Variante für Heillieder ist, dass du für jede Pflanze ein eigenes Lied entwirfst. Dazu kannst du einen Teil des botanischen Namens nehmen und einen Namen für die Pflanze, der dir im Traum oder einer Meditation erschienen ist. Die Idee bekam ich, als ich von den indigenen Schamanen

---

40 Man kann z. B. Gebete singen oder die Himmelsrichtungen singend begrüßen.

41 Z. B. b, h, j, l, m, n, s, v, w.

Südamerikas las. Dort hat jede Pflanze ihr eigenes Lied. Bevor ein Schamane sie zur Heilung einsetzen kann, muss er das jeweilige Lied lernen. Das ist eine langwierige Prozedur, aber so lernt er die Kräfte der Heilpflanze kennen und kann sich mit ihr verbinden.

Da wir die Lieder nicht kennen, können wir uns auf intuitive Weise singend den Pflanzen nähern.

Magische Rituale – Ritualablauf

Ein Ritual soll dich mit dem Göttlichen innerhalb von dir und außerhalb von dir verbinden. Es stärkt deine Willenskraft, weil es einen Rahmen schafft, in dem du magisch arbeitest.
Magische Rituale sind ein fester Bestandteil des Schamanismus und des Hexenkultes und stellen die Kommunikation mit den Wesen her, die uns bei Heilungen unterstützen sollen.
Magisches Wissen, wie Rituale ausgeführt werden sollten, ist die Grundlage deiner Arbeit als Heilerin.
Natürlich muss nicht immer ein Riesenritual gemacht werden, wenn man sich um seinen eigenen Schnupfen kümmern möchte, aber es ist hilfreich, sich auch in kleinen Gesten den Wesen zu versichern, die einen dabei unterstützen. Für jede Bitte an die Göttin oder das Universum ist es selbstverständlich, auch eine kleine Gabe zu hinterlassen. Das kann in Form von etwas Tabak sein, eine Räucherung, ein Schnaps oder ein paar Körner für die wildlebenden Vögel. Es geht darum, dass man bewusst mit allem umgeht und nicht alles für selbstverständlich nimmt.

Ein Ritual kann so frei wie möglich gestaltet werden, aber es sollte eine Grundstruktur erkennbar sein.

1. *Vorbereitung*: Alle Utensilien bereit legen (Räucherung, Trommel, evtl. Kerzen etc.), dafür sorgen, dass man nicht gestört wird, zwei Stunden vorher nichts mehr essen, kurz vor dem Ritual noch einmal ins Badezimmer gehen (duschen oder Händewaschen und auf die Toilette gehen), Gewand anziehen, durchatmen und zur Ruhe kommen.
2. *Anfang*: Du reinigst (mit Wasser oder einer Räucherung) und rufst die Himmelsrichtungen an.
3. *Mittelteil*: Alle Beteiligten sollten nun einer Reinigung unterzogen werden, entweder mit einer Salbei- oder Beifußräucherung oder einer Handwaschung. Dann kommt nun die Trance oder eine andere Methode der Heilanwendung. Dazu rufst du deine Helfer herbei.
4. *Ende*: Du segnest alle Beteiligten, bedankst dich bei allen und verabschiedest alle erschienenen Wesen und gibst deine Gabe.
5. *Nachbereitung*: Du erdest dich, legst dein Gewand ab, räumst alles auf und verstaust deine Ritualgegenstände, gegebenenfalls lüftest du und schreibst das Erlebte auf. Wenn du dich erden möchtest, hilft ein deftiges Stück Brot mit Knoblauchbutter und ein Glas Traubensaft.

In letzter Zeit hatte ich viele Anfragen von magisch arbeitenden Menschen, weil etwas bei ihren Ritualen schiefgelaufen sei. Einige meinten, seitdem

würden sie verfolgt werden oder es geht ihnen einfach nicht gut, weil sie Angst bekommen haben.
In den meisten Fällen stellte sich heraus, dass die Mehrzahl nach einem Ritual einfach „nicht die Tür hinter sich zu gemacht haben“. Das heißt, sie haben das Ritual nicht zu einem Ende gebracht, sondern z. B. die Tore offengelassen, durch die dann alles kommt, was hier eigentlich nichts zu suchen hat, z. B. unerwünschte Energien. Oder sie waren respektlos und haben nur verlangt und befohlen, anstatt zu bitten und zu danken.
Es ist ganz einfach, die magischen Grundprinzipien zu befolgen (siehe Punkte 1. bis 5.). Innerhalb dieser Angaben kannst du dein Ritual so frei gestalten wie du möchtest. Es geht in einem Ritual nicht darum, sich sklavisch an bestimmte Texte zu halten, sondern um den Rahmen, in dem es stattfindet und den du ihm gibst.
Ein schamanisches Ritual beinhaltet schon im Mittelteil die Verbannung von unerwünschten Energien (durch die Reinigung) und es werden so gesehen auch keine Tore geöffnet wie im Hexenkult. Alles, was man herbeiruft oder öffnet, muss auch wieder verabschiedet und geschlossen werden.

Mein persönliches Lieblingsritual

Ich beschreibe hier ein Ritual, wie ich es häufig zelebriere, wenn ich alleine bin. Eingebettet in dem Ritual ist eine schamanische Reise. Ich verbinde hier schon Elemente der Hexenmagie mit einer schamanischen Technik. Da das für mich gut funktioniert, nehme ich nur selten Änderungen auf (außer bei den Anrufungstexten, da fällt mir immer wieder etwas Neues ein, weil ich nichts auswendig lerne).
Zuerst stelle ich mir alle Utensilien auf meinen Altar, bzw. daneben: meine Trommel, meine Meditationsbank, ein Kissen (für die Knie), eine Räucherschale mit Beifuß oder Salbei, meine Schwanenfeder, Streichhölzer, eine schwarze Kerze, die Gabe an die Wesen.
Wenn ich das Ritual in der Mittagszeit mache, wasche ich mir nur die Hände[42] und ziehe mir mein Gewand an.
Dann setze ich mich auf meine Bank vor meinen Altar und atme erst mal richtig durch, um zur Ruhe zu kommen[43].
Nun zünde ich meine Kräuter an und stelle mich zuerst in östlicher Richtung hin. Ich nehme meine Räucherschale in die Hand und fächere den Rauch in diese Richtung. Dann rufe ich die Geister der Lüfte an. Das wiederhole ich beim Süden, Westen, Norden, oben und unten.

---

42 Wenn ich abends Rituale zelebriere, reinige ich mich, in dem ich duschen gehe.
43 Weiter unten in diesem Kapitel gehe ich auf die Atmung ein.

Dann setze ich die Räucherschale auf meinem Altar ab, setze mich auf meine Bank und nehme meine Trommel in die rechte Hand. Mit der linken Hand schlage ich solange einen Rhythmus, bis ich spüre, dass ich den richtigen gefunden habe, um eine schamanische Reise[44] zu beginnen. Ich schließe meine Augen und beginne auf dem Rhythmus zu reisen.
Ich befinde mich in einem dunklen Raum und spüre, wie ich weiterreise. Nach einiger Zeit erscheint ein rotes Pentagramm (manchmal auch ein Herz) vor mir und ich öffne es mit meiner Athame, die ich aus meinem Gürtel gezogen habe. Nun schwebe ich durch dieses Tor und befinde mich nun in der Anderswelt. Dort treffe ich auf meine Helfer und leite Heilungen ein. Ich bedanke mich bei ihnen und frage, ob ich auch etwas für sie tun kann.
Wenn ich fertig bin, reise ich zurück, schwebe durch das Pentagramm und verschließe es wieder. Dann schlage ich die Trommel mit 3 x 7 lauten Schlägen an, um wieder im Hier und Jetzt anzukommen. Ich verabschiede alle Wesen und bringe eine kleine Gabe. Zum Abschluss esse ich etwas Leckeres zur Erdung.

Ein weiteres Ritual beschreibt die Verbindung zu meinem Heilergeist. Ich schmücke meinen Altar mit meiner Räucherschale, einem Glöckchen, mit meiner Adlerfeder, und dem Ring, der mich mit dem Heilergeist verbindet. Ich stecke den Ring auf meinen linken kleinen Finger und nehme die Feder in die gleiche Hand, um Energien aus dem Universum anzuziehen. Danach schlage ich das Glöckchen an, um meinem Unterbewusstsein anzumelden, dass ich mich nun auf Reisen begeben werde. Manchmal lasse ich auch Rassel- oder Trommelmusik[45] dazu laufen, wenn ich glaube, dass es hilfreich[46] ist. Dann räuchere ich und rufe die Himmelsrichtungen an.
Nun rufe ich meinen Heilergeist mit Namen und er erscheint meistens neben oder vor mir (selten hinter oder über mir). Ich bitte ihn nun um Hilfe oder stelle ihm Fragen.
Nach unserer Unterhaltung danke ich ihm und frage ihn, ob ich etwas für ihn tun kann.
Ich schlage das Glöckchen wieder an, um wieder im Hier und Jetzt anzukommen, verabschiede alle Wesen und bringe meine Gabe. Nach meiner Erdung schreibe ich meine Erlebnisse auf und räume alles weg.

---

44 Mehr zu schamanischen Reisen findest du auch in meinen Büchern „Nordische Magie“ und „Shapeshifting“.

45 Für schamanische Reisen empfehle ich dir die Trommel CD von Sandra Ingerman, die es allerdings nur in Verbindung mit ihrem Buch „Die schamanische Reise“ gibt.

46 Gleichbleibende Geräusche wie Trommel- oder Rasselmusik oder Musik im Allgemeinen sind nur dann hilfreich, wenn man sie nicht als Lärm einstuft.

Wie dir hier sicher aufgefallen ist, bilde ich keine Kreise bei den beschriebenen Ritualen. Wenn man sich an einer bestimmten Stelle einen heiligen Ort geschaffen hat, ist das in der Regel auch nicht nötig. Ein heiliger Ort ist bereits geschützt und hat auch eine feste Grenze.
Sobald du dir einen Ort ausgesucht hast, an dem du ab sofort deine Rituale zelebrieren möchtest, machst du ihn dadurch schon zu einem heiligen Ort. Du wirst es spüren, ob zu Hause oder in der Natur, wo besondere Kräfte sind, die du für dich und deine magische Arbeit nutzen kannst.
Einen magischen Ort kann man mit einer Räucherung ehren, sauber halten, einen Platz für Gaben einrichten, ihn betrommeln und besingen. Zeige dem Geist des Ortes deine Ehrerbietung, in dem du ihn fragst, ob du diesen Ort magisch nutzen darfst. Frage ihn, was du für ihn tun kannst.
Magische Orte sind durch bestimmte Pflanzen gekennzeichnet, andere durch Steinformationen wie den Externsteinen oder durch eine magnetische Anziehungskraft. An den Externsteinen ist so eine starke magische Präsens, sodass ich mich dort sehr geschützt fühle. Wenn du dich dafür öffnest, wirst du einen heiligen Ort, einen Kraftplatz finden.

Ein heiliger Ort ist kein Kreis, auch wenn er Schutz und Energie bietet. Er ist eine natürliche Quelle all dessen, während ich in einem Kreis das alles selber schaffe, in dem ich es herbeirufe.
Natürlich kannst du dir einen Kreis[47] schaffen, aus Steinen oder Muscheln, oder auch visuell, das ist eine Entscheidung, die du für dich selbst treffen kannst.
Bei Wicca-Ritualen ziehe ich einen Kreis, bei schamanisch angehauchten Ritualen in der Regel keinen. Es kommt immer darauf an, wie vertraut ich mit dem Ort bin, an dem ich arbeite. Wenn ich in unbekannten Gefilden bin, ziehe ich oder kennzeichne ich zumindest einen Kreis.
Ein Kreis dient der Abgrenzung zur realen Welt, dem Energieaufbau (um sie dann bei der Öffnung zu entlassen) oder auch dem Schutz der eigenen magischen Arbeit.
Weitere Ritualbeschreibungen findest du unter Heilrituale.

---

[47] Kreisrituale beschreibe ich ausführlicher in meinem Buch „Nerthus´ Buch der Schatten“.

Atmung – Wechselseitige Atemübung

Diese Übung habe ich dem Yoga entnommen, um die Atmung zu synchronisieren. Wir atmen ca. 2 ½ Stunden auf dem linken Nasenloch und dann 2 ½ Stunden auf dem rechten Nasenloch. Manchmal sind wir im Ungleichgewicht, weil die Atmung aus verschiedenen Gründen nicht richtig funktioniert und wir können erst nicht verstehen, warum.
Aus diesem Grund bevorzuge ich diese Art der Atmung, die ich wie folgt mache: ich halte Zeigefinger und Daumen an die Nase und halte sie zu. Dann löse ich den Zeigefinger, damit ein Nasenloch frei bleiben kann. In das atme ich tief in den Bauch ein, zähle bis vier und verschließe es wieder. Ich zähle bis zwei (Atempause) und öffne das andere Nasenloch, um auf vier wieder auszuatmen. Nun zähle ich bis zwei (Atempause). Dann atme ich mit dem geöffneten Nasenloch wieder auf vier ein und verschließe es. Und so weiter… das kannst du anfangs insgesamt fünf Mal auf jeder Seite machen. Wenn du merkst, dass diese Übung dir gut gefällt, dann kannst du sie auch öfter machen.

Links einatmen:
Das stimuliert die rechte Gehirnhälfte (fördert die Intuition, die Kreativität, Weisheit und Entspannung), aktiviert die Ausscheidungsenergie Apana, hilft bei Aufregung ruhiger zu werden (senkt den Blutdruck) und versorgt die linke Körperhälfte mit Energie. Die rechte Gehirnhälfte steht für das Weibliche, Empfangende und für die Künste.
Diese Atmung öffnet den Mondenergiekanal Ida und wirkt kühlend auf den Körper.

Rechts einatmen:
Das stimuliert die linke Gehirnhälfte (fördert die Willenskraft), aktiviert die nährende Energie Prana, bewirkt bei Müdigkeit die Aktivierung von Körper und Geist (erhöht den Blutdruck) und versorgt die rechte Körperhälfte mit Energie. Die linke Gehirnhälfte steht für das Männliche, Feuer, für Aktivitäten und analytische Vorgehensweisen.
Diese Atmung öffnet den Sonnenenergiekanal Pingala und wirkt wärmend.

Energie – Energiekörper – Seelenkörper

Wenn ich mich heile oder bei jemand anderes eine Anwendung mache, dann gehe ich in die Anderswelt, um den wahren Kern zu sehen. Häufig stellen sich Seelen von Menschen und Tieren als leuchtende Kugeln dar, die meistens weiß oder blasslila sind. Ich nenne sie Seelenkörper, weil sie in diesem Zustand keinen festen Körper haben.
Wenn eine Krankheit vorliegt, dann hat die Kugel einen oder mehrere dunkle Flecken. Sollte ein Teil der Seele, z. B. durch ein traumatisches Erlebnis, verloren gegangen sein, dann hat die Kugel Löcher. Durch eine Seelenrückführung kann man diese Löcher wieder füllen, so dass die Kugel wieder ganz ist.
Diese Kugel strahlt auch Energie ab, weil sie aus Energie besteht. Wenn sie dunkle Flecken oder Löcher hat, spürt man ganz deutlich, dass Energie abgezogen wird oder sie sehr kraftlos wirkt. Um sie wieder heil zu machen, schickt man z. B. Reiki-Energie oder Energie, die man in einem Heiltanz in sich angesammelt hat.

Wenn sich das zu behandelnde Wesen nicht als Kugel zeigt, sondern in seiner irdischen Form, dann sehe ich eine Aura um das Wesen herum und seine Energiezentren.
Um mir das Ganze etwas einfacher zu machen, konzentriere ich mich, wie im Wicca-Kult üblich, auf drei Energiezentren: dem Genitalbereich (1. Energiezentrum), dem Solarplexus (2. Energiezentrum) und der Stirn (3. Energiezentrum).
Das entspricht beim östlichen System[48] dem Wurzelchakra, dem Solarplexus und dem Stirnchakra, dem 3. Auge.

Im ersten Zentrum sind die Organe des Unterleibes zu finden, im zweiten der Solarplexus, das Herz, der Magen und der Hals und im dritten alles, was den Kopf betrifft.
Das erste Zentrum steht auch für die Verbindung zur Mutter Erde, zu den Knochen und Zähnen sowie für kreatives Schaffen. Das zweite Zentrum steht für dich, als Seele, die in einem Körper auf Mutter Erde lebt, für Gefühle und Empfindungen aller Art. Das dritte Zentrum steht für Vater Himmel, Gedanken und Freiheit.

Bei dieser Art der Einteilung ist es einfacher auf bestimmte Körpergebiete einzuwirken.

---

[48] Eine ausführliche Darstellung der sieben Chakren findest du in meinem Buch „Shapeshifting“.

Ich sehe diese Energiezentren als helle Lichter. Sobald in einem Zentrum eine Störung vorliegt, hat dieses Licht dunkle Flecken oder strahlt einfach nicht mehr so kräftig. Wenn es ganz erloschen ist, dann ist häufig eine Anzahl von Energieanwendungen nötig, um es wieder zum Leuchten zu bringen.

Die Native Americans sehen einen Menschen als ein einziges Energiezentrum (so wie ich ihn während meiner schamanischen Reisen auch sehe).

Wie auch immer du das sehen möchtest oder wie sich dir die Wesen zeigen und offenbaren, das liegt ganz in deinem Erfahrungsbereich. Wichtig ist, dass man versteht, dass jeder materielle Körper diesen Lichtkörper, bzw. Seelenkörper hat, den man heilen kann.

Meiner Erfahrung nach gibt es zwei verschiedene Energiequellen: einmal die der Erde und einmal die des Himmels. Die Erdenergie ist weiblich und die Himmelsenergie ist männlich. Meistens arbeite ich mit der Erdenergie, weil sie mir persönlich als Erdling näher ist. Die Himmelsenergie ist natürlich auch sehr kraftvoll und ich möchte behaupten, dass sie die Quelle der Reiki-Kraft ist, während die Kraftquelle für das Hexentum und den Schamanismus die Erde ist. Ob das wirklich so ist, muss jeder für sich selbst herausfinden.
Wenn man beide Energien in sich vereint, dann befindet man sich in einem harmonischen Gleichgewicht. Ich glaube, dass alles auf diesem Planeten durch die heilige Vereinigung von Mutter Erde und Vater Himmel entstanden ist, so auch wir. Aus diesem Grund ist Energie immer da, in uns und um uns herum. Sie kann nicht entweichen oder plötzlich ins Weltall verschwinden. Davor schützt uns die Atmosphäre des Planeten. Natürlich hat unser Körper unter gewissen Umständen mal ein Energieleck, aber z. B. durch die Technik des Atmens und den hier beschriebenen Heilanwendungen, sind wir schnell wieder aufgeladen.

Schamanische Techniken

Viele Menschen sagen, dass man schamanische Techniken unbedingt in der Natur zelebrieren muss, weil sie nur dort ihre Kräfte entfalten können.
Auf der einen Seite haben sie selbstverständlich recht und ich kann bestätigen, dass Rituale außerhalb von Beton und Straßenlärm von allen Beteiligten intensiver empfunden werden. Das liegt zum einen daran, dass man direkt an der „Quelle“ ist, es ruhiger ist und wir uns mehr als ein Teil von Mutter Erde und Vater Himmel fühlen.
Auf der anderen Seite sind die Städte, unsere Häuser und Wohnungen ebenfalls Teil von Mutter Erde. Auch hier können wir zu allen Wesen Kontakt aufnehmen. Es ist zugebenermaßen manchmal einiges kraftaufwändiger und anstrengender, aber auch im Verkehrslärm sind die Stimmen der Göttin und unserer Helferwesen zu hören.
Viele von uns leben in der Stadt und sind in vielen Fällen darauf angewiesen, ihre Rituale zu Hause zu zelebrieren. Wir sind ja leider nicht soweit, dass wir unsere festen Kraftplätze im Stadtgarten haben, wo wir jederzeit hingehen können, um dort eine Heilanwendung zu machen. Viele Menschen verstehen ja nicht, was wir tun, sodass wir, wenn wir uns in die Natur begeben, auch versuchen, einen möglichst einsamen Ort zu finden. Dass das in der Regel gar nicht so einfach ist, werden mir viele Menschen bestätigen können.
Neulich hatte mein Mann an unserer Garage eine tote Taube gefunden, die kurz zuvor von einer Katze erlegt wurde. Die Taube lag inmitten von altem Laub und sie war sehr angefressen. Ich spürte, dass sich die Seele noch an diesem Ort befand. Ich rief die Himmelsrichtungen im Geiste an, zerkrümelte einen Zigarillo[49] und streute den Tabak als Gabe und Hilfe für die Seele aus. Das erste, was mein Mann tat, war sich umzudrehen, ob das jemand gesehen hat. Früher habe ich das auch gemacht, aber mittlerweile bin ich zu dem Ergebnis gekommen, dass gerade das Umschauen Aufmerksamkeit erregt und dafür sorgt, dass Leute denken, dass man etwas Verbotenes macht.
Jedenfalls entfernte ich dann noch den Leichnam des Tieres und zündete auf dem Balkon eine Kerze an.

---

[49] Ich bin zwar Nichtraucherin, aber ich lasse mir schon mal Zigarettenproben etc. geben (für die Geister), die ich dann für solche Zwecke verwende. Dieses Jahr habe ich Tabak gepflanzt und kann so im September meinen eigenen Tabak demnächst ernten. Man darf in Deutschland steuerfrei 99 Tabakpflanzen besitzen! Die Samen sind in jedem gutsortierten Gartencenter erhältlich (50 Stück für ca. 1,39 Euro). Auf der Packung steht auch, wie man dann aus den Blättern gebrauchsfähigen Tabak gewinnt, denn die Blätter sind ohne Fermentierung giftig.

Für mich ist Spiritualität nicht abhängig von dem Ort, an dem ich sie zelebriere. Spiritualität und Rituale gehören für mich zum Alltag und sie kommen aus mir heraus. Sie sind ein Teil meines Lebens und da ist es egal, wo ich gerade bin und sie feiere. Wir müssen verstehen, dass nicht das Außen die entscheidende Rolle spielt, sondern das Innen, unser Innerstes.
Z. B. wenn ich schamanische Reisen mache, kann ich sogar die Trommelschläge so visualisieren, dass ich meine Trommel gar nicht brauche. Die materielle Welt spielt keine übergeordnete Rolle bei Ritualen, auch wenn es schön ist, Ritualgegenstände zu verwenden. Ich liebe Ritualgegenstände und stelle sie auch gerne her. Viele Dinge, die ich im Wald oder am Strand finde, fordern mich heraus und fördern meine Kreativität und ich überlege, was ich aus ihnen wieder machen könnte. Ich nehme natürlich nicht immer alles mit, aber wenn ich es tue, dann frage ich, ob der Stein oder Ast etc. auch mit mir mit möchte. Wenn ich eine Zustimmung erhalte, hinterlasse ich immer ein Dankeschön (etwas Tabak, Kupfermünzen oder Speichel).
Ich glaube, dass die Verbindung zur Natur unerlässlich ist, weil wir ein Teil von ihr sind, aber manchmal ist es eben nicht gegeben, Rituale im Wald etc. auszuführen. Dann mache ich sie eben zu Hause oder auf dem Balkon.
Wir müssen ganz einfach flexibel sein und uns den Gegebenheiten anpassen – so einfach kann das alles sein.

Ritualablauf

Du kannst jede Technik in ein kleines Ritual einbetten, in dem du die vier Himmelsrichtungen, Vater Himmel und Mutter Erde (wahlweise oder zusätzlich auch Großvater Sonne und Großmutter Mond) begrüßt. Bitte fühle dich so frei und verändere alles, was du anders machen möchtest.
Zünde eine Räucherung mit Beifuß oder Salbei an, um dich, den Ritualplatz und die anwesenden Menschen zu reinigen und auch um der Göttin und den Elementen zu danken.

Begrüßung des Ostens
Geister des Ostens, der Lüfte und der aufgehenden Sonne, ich grüße euch.
Seid willkommen und bitte segnet mich mit euren Gaben der Inspiration und des Anfangs.
So soll es sein.

Begrüßung des Südens
Geister des Südens, des Feuers und der Mittagssonne, ich grüße euch.

Seid willkommen und bitte segnet mich mit euren Gaben der Heilung und der Kraft.
So soll es sein.

Begrüßung des Westens
Geister des Westens, des Wasser und der untergehenden Sonne, ich grüße euch.
Seid willkommen und bitte segnet mich mit euren Gaben der Gefühle und Emotionen.
So soll es sein.

Begrüßung des Nordens
Geister des Nordens, der Erde und der Nacht, ich grüße euch.
Seid willkommen und bitte segnet mich mit euren Gaben der Magie und des Reisens in die Anderswelt.
So soll es sein.

Begrüßung von Mutter Erde
Mutter Erde, ich grüße dich.
Mögen meine Rituale deine Unterstützung finden. Segne mich (magischer Name) und ich danke dir von ganzem Herzen.

Begrüßung von Vater Himmel
Vater Himmel, ich grüße dich.
Mögen meine Rituale deine Unterstützung finden. Segne mich (magischer Name) und ich danke dir von ganzem Herzen.

Begrüßung der Mitte
Ich begrüße alles, was mich umgibt:
Seid gegrüßt kleines Volk, ihr Steine, Bäume und Pflanzen. Mögen meine Rituale deine Unterstützung finden. Segnet mich (magischer Name) und ich danke Euch von ganzem Herzen.

Nun findet das Heilritual statt und zum Schluss verabschiedest du dich von den Himmelsrichtungen, Mutter Erde und Vater Himmel, in dem du ein Dankesgebet sprichst:
Mein großer Dank an alle anwesenden Geister, Wesen, an Mutter Erde und Vater Himmel. Ich verehre euch. Mein Herz und meine Seele werden immer mit euch sein.

Schamanisieren

Unter „schamanisieren“ versteht man Trancezustände mittels Tanz, Gesang, Trommeln und tiefe Meditation, um in andere Welten zu reisen. Diesen Begriff fand ich das erste Mal in einem der Bücher von Frau Dr. Amélie Schenk.

Trance, schamanische Reisen oder tiefe Meditationen haben die gleichen Absichten. Es geht darum, das eigene Bewusstsein auf eine andere Ebene zu bringen, um leichter an gewünschte Informationen unserer Helfergeister zu gelangen. Während die Trance und schamanische Reise immer mit Trommeln und/oder Gesang eingeleitet wird, sind Meditationen eine sehr ruhige Angelegenheit. Ich persönlich mag hier in der Stadt wegen des Verkehrsrauschens und anderer Geräusche lieber eine Trance mit viel Tam Tam, als mich aus einer tiefen Meditation herausholen zu lassen. Ich kann sehr tief meditieren, aber da hier ständig unvorhergesehene laute Geräusche an mein Ohr dringen können, ist mir eine Trommeltrance mit Tanzen einfach lieber. Ich habe auch das Gefühl, dass eine Trance, wenn ich sie körperlich unterstütze, mehr Energien freisetzt und mich selbst glücklich macht. Nach einer Tanztrance mit lauten Trommeln muss ich meistens erst mal fast eine Stunde lang lachen. Ich hatte irgendwann mal meine Freundin, nachdem ich schon dachte, ich hätte einen Knall, gefragt, ob das normal sei und sie meinte ja.
Auf der einen Seite staue ich viel Energie an, die wieder aus dem Körper heraus muss und auf der anderen Seite werden Glückshormone frei, die dann diese Lachanfälle mit verursachen. Ich kann dann über jeden Unfug lachen und wenn ich dann schlafen gehe, träume ich, dass ich weiter lache oder ich habe besondere Traumerlebnisse.
Lachen ist ja, nebenbei erwähnt, auch die beste Medizin. Mit ihr kann man alle bösen Geister vertreiben und die Lebensfreude steigt.

Trancezustände (auch schamanische Reisen sind eine Trance) sind immer hilfreich, wenn ich mich in andere Welten begeben möchte. Dort kann ich auf viel einfachere Art und Weise in meinen Körper oder den eines Patienten schauen. Oder ich rufe Geister herbei, die unerwünschte Geister wegschicken sollen, verbinde mich mit meiner Kraftpflanze oder meinem Heilergeist.
Wenn ich mich auf die Suche nach einem Heilmittel oder in einer schamanischen Reise nach einem Seelenanteil mache, dann sind meine Krafttiere meine Beschützer, mein Heilergeist mein Begleiter und die Kraftpflanze meine Verbindung zum Heilungsprozess.
In einer tiefen Trance bitte ich um Hilfe für meine eigenen Beschwerden oder die von anderen. Wenn mir die Hilfe gewährt wird, kann ich wieder erwachen und warte ab, was passiert. Ich leite also nicht bewusst Anwendungen ein,

sondern gebe mich dem hin, was sich mir zeigt. In Trancen bekomme ich häufig Botschaften, die ich dann in unsere Welt mitnehmen kann.

In meinem Buch „Shapeshifting“ hatte ich sieben von mir erprobte Techniken beschrieben, aber ich bleibe jetzt bei den beiden Techniken, mit denen ich mittlerweile am liebsten arbeite.
Die erste ist Tanz (siehe Heilungstanz) zu einem monotonen Rhythmus. Am leichtesten falle ich in Trance, wenn ich immer auf der Stelle hüpfe, bzw. immer den gleichen Schritt hüpfe. Wenn ich spüre, dass ich in der anderen Welt angekommen bin, setze ich mich meistens hin. Es kommt selten vor, dass ich in der Trance weitertanze, weil sonst irgendwann der Erschöpfungszustand des Körpers erreicht ist und man einfach umfällt.
Die zweite Technik ist in einem gleichbleibenden Rhythmus zu trommeln oder zu rasseln und dabei das Kraftlied zu singen.
Jeder Mensch muss für sich selbst ausprobieren, welche Methode er bevorzugt. Das kann man natürlich nur herausfinden, wenn man alles Mögliche austestet und sich aufschreibt.

Selbstheilung

Schamanisieren hilft auch bei eigenen Störungen des Wohlbefindens und kann für alle möglichen Beschwerden eingesetzt werden: Depressionen, Ärger, Wut, Schmerzen des Bewegungsapparates, Stimmungsschwankungen, Hormonstörungen, Schlafstörungen, verstopften Nebenhöhlen und leichten Kopfschmerzen sowie Menstruationsbeschwerden (hier würde ich die zweite Technik bevorzugen).
Heutzutage sind wir so vielen Einflüssen (Unhöfliche Menschen, Umweltgiften, Lärm etc.) ausgesetzt, die uns manchmal das Leben sehr schwer machen und da hilft es, zu schamanisieren. Z. B. bin ich von Zeit zu Zeit sehr lärmempfindlich, da schlägt mir jedes Geräusch von Autos oder Flugzeugen regelrecht auf mein Sonnengeflecht. Das einzige, das mir dann hilft, ist eine Trommeltrance.
Es geht nicht darum, sich übermäßig oft in der Anderswelt herumzutummeln, sondern um die Tätigkeit als solche. Schamanisieren hilft auf allen Ebenen und das häufig für eine ganze Weile. Wenn man eine bestimmte Routine entwickelt hat, ist es das Beste, das wir für uns tun können. Ich glaube, dass es gegen den alltäglichen Wahnsinn, den wir so erleben, ein gutes Allheilmittel ist. Schamanisieren ist eine Verbindung zur Einheit, zu dem, von dem wir gekommen sind und nach unserem Tod wieder hingehen.

Atem

Mit einer gleichmäßigen und tiefen Atmung kannst du alle deine Organe mit Energie durchfluten. Z. B. ist es eine schöne Übung direkt nach dem Aufstehen ein Gebet an die Göttin zu sprechen und dabei eine Atemübung zu machen. Das ist ganz einfach: du gehst an dein offenes Fenster, auf den Balkon oder in den Garten und atmest tief in den Bauch hinein und ganz tief aus. Mache das in deinem eigenen Rhythmus, damit dir nicht schwindelig wird. Ca. 10 Atemzüge reichen schon, den eigenen Körper zu wecken und sich frisch und munter zu fühlen. Davor oder danach kannst du ein Dankesgebet für die Göttin sprechen, in dem du dich für die gute Nacht bedankst, für schöne Träume und den gesegneten Schlaf.

Dieses tiefe und gleichmäßige Atmen kann man auch bei Yoga-, Stretching- und Tanzgymnastik machen. So sorgt man dafür, dass in jede Zelle des Körpers Luft kommt und Energie. Ich habe festgestellt, wenn ich z. B. Rückenschmerzen habe, dass ich dann in eine Körperstellung gehe, in der ich den entsprechenden Muskel ein wenig dehne. Während dieser vorsichtigen Dehnung atme ich ganz bewusst in diese Stelle und spüre, wie sich langsam der Schmerz löst. Das kann man so oft machen, bis man sich wieder besser fühlt und der Schmerz vergangen ist.

Je nach Tätigkeit oder Situation kannst du mit der wechselseitigen Atmung, die ich im Kapitel Ritual beschrieben hatte, deinen Körper beruhigen oder stimulieren.
Z. B. wenn du plötzlich Ängsten ausgesetzt bist, kannst du dir mit einer bewussten Linksatmung helfen, oder wenn du Konzentration für deine Arbeit brauchst, machst du die Rechtsatmung.

Es kann vorkommen, dass du wegen einer einseitig verstopften Nase immer nur „auf einem Loch pfeifst".
Manchmal sind Nahrungsmittel daran schuld (Milchprodukte, viel Fett, weißer Zucker, weißes Mehl), dass du verschleimt bist.
Entweder kannst du deine Ernährung umstellen, abends eine Nasenspülung machen oder vielleicht fehlt dir auch in der dunklen Jahreszeit die bessere Verwertung von Nahrungsmitteln.
Mit Ananas Enzymen (Bromelain) kannst du im Frühjahr eine Kur machen, damit alles vom Winter entschlackt wird oder du legst eine Fastenwoche ein. Zu den beiden letzten Vorschlägen ist es ratsam, zuvor mit einer Fachfrau

(Ärztin, Heilpraktikerin) zu sprechen, denn viele Menschen reagieren allergisch auf Ananas Enzyme[50] oder vertragen das Fasten nicht.

Allgemein gesehen ist die wechselseitige Nasenatmung auch noch hilfreich bei Schlaflosigkeit und Kopfschmerzen. Sie hilft gegen Angstzustände und Depressionen und beruhigt die Nerven.

Heilungstanz

When there is doubt – there is hope
When there is fear – there is love
When there is hate – there is peace
When there is suffering – there is the dance.[51]

Ein Vater des Ojibwe-Stammes machte sich große Sorgen um seine kranke Tochter. Er ging zu einem Schamanen und fragte, was er für seine Tochter tun könnte. Sie könne nicht laufen und muss schon lange das Bett hüten.
Der Schamane ging in sich und sagte dann zu dem besorgten Vater, er solle ein Kleid nähen, an das er für jeden Tag des Jahres eine Muschel[52] näht. Dann soll sie das Kleid anziehen und tanzen. Der Mann ging nach Hause und fertigte nach den Anleitungen des Schamanen das Kleid an. Er zog es seiner Tochter an, die sich sofort besser fühlte. Dann stand sie auf und sie fing an zu tanzen. Es ging ihr immer besser und besser. Und sie tanzte, bis sie wieder ganz gesund war.
Dieser Heilungstanz nennt sich bei den Native Americans „Jingle Dress Dance". Während dieses Tanzes baut der Körper Energien auf, die man als Heilungsenergien weitergeben kann.
Während dieses Tanzes werden sehr einfache Tanzschritte gehüpft (eine Choreografie gibt es nicht, Göttin sei Dank). Diese Art der Bewegung bringt den Körper sehr schnell in Wallung und es reicht, wenn man sich auf nur ein oder zwei Schritte konzentriert:

---

50 Alternativ kannst du auch Brennnessel-Tee ohne Zucker oder andere Süßungsmittel zum Entschlacken trinken.

51 Ein Übersetzungsversuch (es ist immer schwierig, Poesie zu übersetzen):
„Wo Zweifel sind, ist auch Hoffnung
wo Furcht ist, ist auch Liebe
wo Hass ist, ist auch Frieden
wo Leiden ist, ist der Tanz."
Auszüge des Liedtextes von Robert Mirabal zu seinem Lied „The Dance" auf der CD „Mirabal".

52 Es gibt verschiedene Varianten dieser Geschichte. In einer sollte der Vater Rabenknochen sammeln und an das Kleid nähen. Heutzutage werden Blechkegel an das Kleid genäht, die aus Schnupftabakdosendeckeln gedreht werden.

Dabei macht jeder Fuß zwei Takte[53] mit, also zwei kleine Hüpfer mit dem rechten Fuß, zwei kleine Hüpfer mit dem linken Fuß. Oder die Füße sind ca. ein Fußbreit auseinander und du hüpfst mit den Hacken (Ballen bleiben am Boden) hoch, und führst sie zu einander.
Die Körperhaltung muss sehr gerade sein, der Kopf hoch und du kannst die Hände in der Hüfte abstützen.

Wer jetzt nicht so auf die Gesänge der Native Americans steht, kann auch zu anderen Trommelrhythmen herum hüpfen oder tanzen. Wichtig ist, dass du dich mit dem Hüpfen wohlfühlst und die Energien weitergeben kannst, wenn du bereit dazu bist.

Selbstheilung

Tanzen an sich hat eine heilende Kraft, wie du oben in der Geschichte lesen konntest. Tanzen befreit, schüttet Glückshormone aus und macht das Leben leichter. Wer häufig an Erkältungen (Nebenhöhlenentzündungen), Gewichtsproblemen und Schmerzen am Bewegungsapparat leidet, sollte sich viel bewegen. Und was gibt es Schöneres als tanzen? Zur Lieblingsmusik sich einfach fallen zu lassen und loszuzappeln, das befreit die Seele und du kannst fliegen.
Tanzen hilft bei Stimmungsschwankungen, Depressionen, Hormonstörungen und bei Schlafstörungen.
Natürlich sollten die angesammelten Energien im Körper auch wieder entlassen werden, z. B. durch Stretching und/oder eine Tiefenentspannung.

Direktheilung

Fange an zu tanzen und lasse es zu, dass sich die Energien in deinem Körper ausbreiten. Atme tief ein und aus und sauge wieder Luft ein, spüre sie in all deinen Poren, Adern, im Blut, im Kopf, einfach überall.
Wenn du glaubst, dass du kurz vor dem Explodieren bist, reiche deinem Patienten deine Hände und leite deine Energie durch sie hindurch in die Hände deines Gegenübers. Bei Tieren kann ich diese Art der Heilung leider nicht so empfehlen, weil sie meistens die Musik nicht mögen oder auch nicht so auf heiße Hände stehen.

---

53 Wenn du wissen möchtest, wie der Tanz ausschaut, kannst du bei www.youtube.com „Jingle Dress Dance“ eingeben. Passende Musik gibt es z. B. auf der CD “Navajo Spirit” aus der Reihe „Air Mail Music“ – Fancy Shawl Dance, Jingle Dress Dance, Crow Hop, Grass Dance.

Fernheilung

Während du die Energien in dir spürst, visualisierst du den Menschen oder das Tier, das geheilt werden soll, vor deinen Augen – so als würde er oder sie direkt vor dir stehen. Schicke die Energie durch deine Hände los, in dem du siehst, wie sie sich von dir entfernt und den Patienten in ein helles Licht hüllt. Siehe, wie die Energie sich in die Aura des Patienten bewegt und von ihr aufgesogen wird. Während der ganzen Zeit kannst du weiter tanzen oder ganz einfach ruhig stehen bleiben.

Trommeln und Rasseln

Ich liebe es zu trommeln oder zu rasseln. Die Vibrationen meiner Trommel gehen in meine Arme und dann in meinen ganzen Körper.
Meine Trommel habe ich über einer Beifußräucherung geweiht, nachdem ich die vier Himmelsrichtungen angerufen habe. Während der Weihung habe ich ihr einen Namen gegeben. Zusätzlich habe ich mich, weil mir das ein großes Bedürfnis war, bei der Ziege bedankt, von der das Fell ist.
Dazu habe ich eine Kerze angezündet, um Verbindung zu dem Göttlichen aufzunehmen.
Mit einer Trommel (und auch einer Rassel) lassen sich Unregelmäßigkeiten im Energiefeld eines Körpers ausfindig machen. Man muss zuerst für sich die richtige Stelle auf dem Fell finden, die man während der Anwendung anschlagen will. Manchmal kann das die Mitte der Trommel sein oder auch zwischen Rand und Mitte. Dann wird die Trommel so gleichmäßig angeschlagen, dass immer eine Vibration von ihr ausgeht. Sobald sich die Klangfarbe verändert, hast du eine Stelle gefunden, die mit Energie versorgt werden sollte oder an der eine Blockade ist.
Energie schicken kannst du wie bei einer Reiki-Anwendung oder wie oben beschrieben.
Wenn du eine Blockade entdeckt hast, kannst du diese mit der Trommel lösen. Das bezeichne ich als Trommeltherapie. Halte die Trommel so, dass die Körperstelle die größtmögliche Vibration erhält. Wenn das ausgerechnet am Kopf sein sollte, sind Ohrstöpsel vielleicht ganz angebracht.
Die Vibrationen können Schmerzen lösen, sie lassen Knochen schneller zusammenwachsen[54], tragen schlechte Gedanken hinfort und man wird beweglicher und ausgeglichener, lockerer und befreiter.

---

[54] Auch das Schnurren einer Katze ist eine Vibration und man hat festgestellt, dass Knochenbrüche bei Katzen, die sehr viel schnurren, auch viel schneller ausheilen.

Mit einer Rassel hat man natürlich nicht die Vibrationen, aber mit ihrem Klang kannst du ebenfalls Störungen in der Aura eines Körpers feststellen. Rassel sie ganz sacht, damit du feine Unterschiede auch wahrnehmen kannst. Bei der Feststellung einer Blockade etc. kannst du eine Anwendung machen, oder mit der Rassel so lange den Körper von oben nach unten abrasseln, bis all die unerwünschte Energie fort ist.

Es ist meistens so, dass andere Menschen, die dem Ritual als Beobachter beiwohnen, feine Klangunterschiede nicht hören können. Das liegt daran, dass nur du die göttliche Verbindung zu deinem Trommel- oder Rasselgeist hast. Ein Patient allerdings kann es auch hören oder spüren, wenn er offen dafür ist.

Singen

Als ich einmal einen Gesangsworkshop für Obertonmusik besuchte, lernte ich eine schamanische Technik des Singens. Der Lehrer fragte uns, ob jemand ein persönliches Lied gesungen haben möchte. Mehr verriet er erst mal nicht und eine Frau meldete sich.
Er setzte sich an seine Shrutibox[55] und fing an zu singen. Die Frau schloss ihre Augen und wir hörten alle sehr bedächtig zu.
Danach waren noch zwei anderen Frauen dran und irgendwann schlug die Stimmung um. Die gesungenen Melodien waren sehr traurig und wir konnten es kaum mehr ertragen. Die betroffenen Frauen sprachen davon, dass sich durch den Gesang etwas bei ihnen gelöst hatte, und dass sie den Gesang nicht als traurig empfunden haben. Der Lehrer selbst meinte, dass es immer auf die Person ankommt, ob eine Melodie fröhlich oder eben traurig klingt. Auf der einen Seite hat es gezeigt, dass scheinbar in vielen Teilnehmerinnen sehr viel Traurigkeit war und auf der anderen Seite klang jede Melodie anders. Der Lehrer hatte sich so auf die Stimmung der zu besingenden Frau eingestellt und ein Lied dauerte ca. 10 Minuten.
Während er für jemand singt, meinte er, dass er es spüren kann, wenn eine Frau z. B. schwanger ist.

Um für jemand anderes so zu singen, muss man sehr empathisch sein. Vielleicht singst du einfach mal für dich selbst und hörst, wie sich dein Gesang deiner Stimmung anpasst und wie sie sich später löst und erhöht.

[55] Das ist ein kleines tragbares indisches Harmonium; sie kann Dauertöne erzeugen, die in Indien zur Begleitung von Mantren eingesetzt werden und in Europa für den Obertongesang.

Wenn du zornig bist, ist deine Stimme das beste Instrument, um festzustellen, wie du deine eigene Stimmung selbst beeinflussen kannst. Stimme und Stimmung haben den gleichen Wortstamm.

Erfinde beim Singen einfach deinen eigenen Stil und vielleicht sogar deine eigene Sprache. Wenn man sich nicht auf bestimmte Worte konzentrieren muss, fließt die Melodie leichter.
Zum Einstimmen kannst du die Vokale nacheinander singen, oder mit m oder n brummen. Singen macht natürlich da am meistens Spaß, wo man besonders viel Hall hat (langer Flur z. B.).

Wenn du z. B. eine Anwendung für jemand anders machst, dann denke bitte daran, worum es bei diesem Menschen geht. Mache dazu einfach ein kleines Gebet, das du dann wie ein Mantra singen kannst.

Du kannst deine Gesangsfähigkeiten erweitern, in dem du mongolischen Kehlkopfgesang[56] lernst. Das macht Spaß und den Kopf frei, auch wenn es zu Anfang schon mal zu ein bisschen Halsschmerzen kommen kann.
Wenn du ausprobieren möchtest, wie man mongolische Obertöne „produziert", dann atme ganz tief in deinen Bauch hinein. Öffne nun deinen Mund einen Finger breit und lasse die Luft mit einem langen tiefen „AAAAA…." oder „LLLLL…." heraus. Drücke dabei die Luft langsam aus deinem Bauch und bewege deine Zungenspitze oben an deinem Gaumen von den vorderen Zahnreihen an entlang bis es hinten nicht mehr weitergeht (so als würdest du sie nach hinten einrollen und dann wieder entrollen). Anfangs wirst du die Obertöne vielleicht nicht hören, aber dann mache einfach locker den Mund zu und halte die Ohren zu. Dann müsstest du die Obertöne hören.
So werden auch die Melodien geformt, die man auf einem Didgeridoo kreiert oder auf der Dan Moi, einer vietnamesischen Maultrommel.
Selbstgesungene Obertöne machen übrigens durch die Vibrationen die Nebenhöhlen frei und bringen einen zum Lachen. Bei den Eskimos gibt es einen Wettbewerb der Frauen, bei dem sich zwei Frauen gegenüber stellen, sich anfassen und den Kehlkopfgesang ertönen lassen. Wer zuerst lacht, hat verloren.

Mittlerweile habe ich so meinen eigenen, vielleicht sehr eigenwilligen Gesangsstil entwickelt und singe so, wie es mir gerade einfällt. Nicht immer zur Freude meiner zwei- und vierbeinigen Mitbewohner, die mit Kehlkopfgesang so gar nichts anfangen können. Mit all den Techniken ist das Ganze auch eine

---

[56] Ich habe bei Hosoo gelernt und ich kann ihn, seine Unterrichtsmethoden und seine Musik wärmstens weiterempfehlen.

prima Atem- und Stimmbildung, die ich werdenden Sängerinnen und Sängern gerne empfehlen möchte. Auch Menschen, die viel sprechen müssen, können davon sehr profitieren.

Lieder machen die Menschen glücklich und vereinen sie. Wie heißt es doch so schön, schlechte Menschen kennen keine Lieder?
Jedes Lied wirkt auf allen Ebenen und so könnte man durch Lieder alle Menschen von ihren unerwünschten Energien befreien.
Wenn wir z. B. Vogelgesang lauschen, passiert etwas sehr Schönes in uns. Alles fällt von uns ab, wir werden friedlich und fangen an zu träumen. Das ist das beste Mittel, dass ich kenne, um z. B. Wut zu transformieren.
Allerdings war ich vorgestern (13.04.09) in der Hohe Mark etwas verwirrt, als sich eine stimmbegabte Amsel zwischendurch wie ein Mäusebussard anhörte. Amseln können sehr viele Geräusche nachahmen (von der Polizeisirene über Handyklingeln und eben auch andere Artgenossen).

Rituelle Räucherungen

Räucherungen dienen der Reinigung, Kontemplation, Heilung und/oder der Opferung. Man kann auch räuchern, wenn man sich entspannen möchte oder um gute Geister anzuziehen. Der Rauch verbrannter Kräuter stellt eine Verbindung zum Göttlichen her, sodass man jedes Mal in eine ganz besondere Stimmung kommt.
Räucherungen sollten vor jeder Heilanwendung gemacht werden (ist es nicht möglich, dann kann man sich auch die Hände waschen), um abgestandene Energien und den Alltag abzuschütteln. Erst dann ist man für heilende Energien bereit, die durch den Heiler strömen, der sie dann weitergeben kann.
Zum Räuchern verwende ich am liebsten Salbei, Beifuß, Sweetgras oder Weihrauch. Da in den meisten deutschen Wäldern mittlerweile das ganze Jahr über Rauchverbot ist, räuchere ich fast nur noch auf dem Balkon. In der Wohnung mache ich das auch nur sehr selten und nur noch dann, wenn ich die Wohnung dringend von unerwünschten Energien befreien will, z. B. nach einer Krankheit. Natürlich sollte ein Fenster geöffnet sein, damit auch die unerwünschten Energien dann entweichen können.
Meine Freundin räuchert während einer Erkältung mit echtem Kampfer. Das soll den Kopf freimachen und schafft eine positive Stimmung im Zimmer.
Mit Beifuß, Weihrauch oder Salbei sollte man ein Zimmer ausräuchern, wenn jemand in ihm gestorben ist. Das hilft auf der einen Seite der Seele, leichter ins Jenseits zu gehen und auf der anderen Seite desinfiziert man den Raum

(speziell mit Weihrauch[57]). Dem Toten selbst kann man ein Übergangskraut[58] mit auf die Bahre legen, damit die letzte Reise schmerzfrei und ohne Störungen verläuft.

Für das Räuchern verwende ich gerne ein Hexenkesselchen oder eine große Jakobsmuschel. Im Hexenkessel verwende ich dann Sand, eine Kohletablette und Weihrauch, während ich in der Muschel nur getrocknete Kräuter verbrenne.
Für die Verteilung des Rauches verwende ich meine weiße Schwanenfeder.

Für die Reinigung eines Raumes oder eines Hauses gehe ich die Ecken im Uhrzeigersinn ab und fächere den Rauch in die Ecken. Ich sage dann z. B.:

„Sei gereinigt und gesegnet."

Wenn ich mich selbst beräuchern möchte, führe ich meine Muschel von unten nach oben oder ich stelle mich direkt über die Muschel und lasse den Rauch an mir hoch wehen.

Bei anderen Menschen nehme ich meine Muschel in die rechte Hand und die Feder in die linke Hand (wenn du das andersherum machen möchtest, ist das sicher kein Problem).
Dann räuchere ich die stehende Person von vorne, von unten nach oben und von hinten, ebenfalls von unten nach oben, in dem ich ihr den Rauch zufächere. Danach gehe ich mit der Muschel im Uhrzeigersinn um sie herum und fächere ihr den Rauch zu. Dabei kann man ein Lied singen (auch das Kraftlied) oder man spricht ein Mantra.

Räuchern ist auch immer wie ein Dankeschön an die Göttinnen oder Ahninnen. Durch den Rauch können sie ihre Botschaften senden, die wichtig für uns sind. Wenn du dich auf den nach oben ziehenden Rauch deines Weihrauches oder deiner Kräuter konzentrierst, kannst du ihre Botschaften als Vision sehen.
Oder du schickst deine Wünsche in dem Rauch nach oben an die göttlichen Wesen.

---

[57] Ich meine hier Olibanum, das echte Weihrauchharz. Es ist u.a. in der Apotheke erhältlich.
[58] Salbei oder Beifuß, die Native Americans nehmen auch Tabak.

Federn

Feathering

Im amerikanischen Englisch heißt der Vorgang, den ich gleich beschreiben werde, feathering. Dafür habe ich keine deutsche Übersetzung gefunden und werde somit beim englischen Wort bleiben. Bei den Native Americans werden Adlerfedern oder heutzutage eher Truthahnfedern (sie bezeichnen ihn als Erdadler) verwendet, um unerwünschte Energien aus einem Körper zu fächern. Das kann man mit einem Federfächer machen oder mit einer einzelnen schönen langen Feder.

Dazu stellt man sich vor die zu behandelnde Person und fegt mit ordentlichem Schwung die Energien von oben nach unten weg. Das machst du solange, bis du spürst, dass die unerwünschten Energien verschwunden sind und die Person sich befreiter fühlt. Danach behandelst du die Rückseite der Person. Dann erdest du die Energie, in dem du Mutter Erde darum bittest, dass sie sie transformiert. Dann wartest du einen kleinen Moment. Bedanke dich bei Mutter Erde und nun kannst du damit beginnen, mit leichten Bewegungen die Aura wieder zu glätten. Dazu streichst du mit der Feder sanft über das Energiefeld des Menschen – von den Füßen bis zum Kopf. Oder du fächerst die unerwünschten Energien vom Körper weg und die erwünschten zum Körper hin.

Bei dir selbst kannst du das auch machen, aber es ist anfangs etwas schwierig, den eigenen Rücken abzufächern. Mit ein bisschen Übung kannst du so gelenkig werden, dass es gut funktioniert. Aber es macht mehr Spaß, wenn das jemand bei dir macht. Vielleicht hast du eine Freundin und ihr könnt euch gegenseitig „federn". Das hilft, gemeinsam etwas Gutes für sich und jemand anders zu tun.

Du kannst mit einer Feder auch Störungen in einem Körper feststellen. Nimm deine Feder zwischen Zeigefinger (Mittelfinger) und Daumen deiner linken Hand und bewege sie in einem ungefähren Abstand von ein bis zwei Zentimetern mit der längeren Federseite[59] ganz langsam über den zu behandelnden Körper. Beobachte sie ganz genau, ob sie an bestimmten Stellen „ausschlägt". Ungefähr so wie eine Wünschelrute. Diese Stelle kannst du dann, wie oben beschrieben, abfächern, bis sich die Stelle wieder gut anfühlt.

---

[59] Manchmal haben Federn rechts und links neben dem Kiel unterschiedlich lange Seiten (auch Innen- bzw. Außenfahne genannt). Meine Lieblingsfeder ist z. B. so eine Feder, die eine lange und eine sehr kurze Seite hat.

Gebetsfeder

Gebetsfedern sind dafür da, mit den gefiederten Freunden Kontakt aufzunehmen oder mit dem Höheren Selbst, sowie mit der Göttin oder mit einer anderen Kraft des Universums.
Zuerst wird eine Feder rituell vorbereitet, entweder durch eine Segnung oder durch Verzierungen mit Leder, Perlen oder Bemalung.
Die Segnung kann man zelebrieren, in dem man die Feder über Salbei- oder Beifußrauch führt und sie dem jeweiligen Glauben weiht (Wicca, Roter Weg etc.).

Wenn du die Himmelsrichtungen anrufst, kannst du die Feder in die jeweilige Richtung halten (ähnlich wie mit der Athame bei Wicca-Ritualen).
Sie leitet dann die Energie der Himmelsrichtungen in deinen Körper und gibt dir Kraft und Mut.
Bei Gebeten kannst du deine Feder in beiden Händen halten und dein Gebet in die Feder sprechen. Dann streckst du die Feder Richtung Himmel und entlässt das Gebet ins Universum.
Genauso kannst du das auch bei Zaubern machen. Gebete und Zauber, die wir wirken, haben etwas gemeinsam: wir möchten gerne eine Veränderung herbeirufen oder uns beim Universum bedanken.

Schutzschild

Auch wenn ich persönlich nicht für permanenten Schutz bin, brauche auch ich hin und wieder Schutz gegen unerwünschte Energien.
Da bin ich auf die Schilde der Native Americans gestoßen. In meiner Indianerausrüstung, die ich als Kind hatte, war so ein Schild, ein Tomahawk und Pfeil und Bogen. Der Schild war dafür da, nicht vom Gummitomahawk meines Bruders am Körper getroffen zu werden.
Die Schilde der Natives wurden aus Holz gefertigt und mit Federn etc. geschmückt. Auf ihnen sind die Totemtiere des Clans zu sehen oder Schutzsymbole, um den Krieger bei Auseinandersetzungen zu schützen.
Viele Menschen, die sich an mich wenden, haben das Gefühl, dass sie verflucht wurden oder sich mit Neid und anderen schlechten Gefühlen anderer auseinandersetzen müssen. Da sind Schutzschilde eine sehr schöne Idee. Sie können eine Karte mit dem Bild eines Schutztieres sein, eine Art Traumfänger oder ein Sigill, Runen oder ein bannendes Pentagramm auf einem runden Stück festen Papiers.
Wie groß ein Schutzschild sein sollte, kannst du selbst entscheiden. Wenn du einen für die Wohnung machst, dann kann er durchaus 30 cm im Durchmesser sein. Ansonsten sind 5 bis 10 cm Durchmesser eine angenehme Größe.

Einen Schutzschild kannst du bei dir tragen oder sichtbar oder auch unsichtbar in deiner Wohnung anbringen (z. B. hinter einem Bild).
Einen Traumfänger[60], der gute Träume durchlässt und schlechte Träume fernhalten soll, kann auch wie ein Schutzschild wirken. Nachts, wenn wir schlafen, sind wir vielleicht unerwünschten Energien eher ausgesetzt, als wenn wir wach sind. Solltest du dich angegriffen fühlen, ist ein selbsthergestellter Traumfänger eine gute Idee, um nicht von Alpträumen heimgesucht zu werden.
In liebevoller Arbeit kannst du dir einen Schutzschild anfertigen, der dann all deine Kraft hat. Diesen brauchst du nur zu aktivieren, wenn es nötig ist.

Sinnvoll sind auch Schilde für die Himmelsrichtungen. So kannst du die ganze Wohnung oder deinen Kraftplatz schützen. Dafür kannst du Tonpapier in vier verschiedene Farben[61] verwenden und dein Schutztier, Sigill oder Pentagramm darauf zeichnen.

Der schnellste Schutzschild, den man um sich herum aufbauen kann, ist Lachen. Ganz befreites und unbändiges Lachen. Unerwünschte Geister und Energien verflüchtigen sich sofort, wenn sie spüren, dass sie nicht ernstgenommen werden.
Mit Lachen kann man jede Form von Spannung, Stress und unangenehmen Situationen entschärfen. Und was gibt es Schöneres als Lachen? Dann geht es uns gut, wir fühlen uns stark und entspannt. Nichts kann uns aus der Fassung bringen und es gibt keine Haltestellen mehr für unerwünschte Energien.

Herausziehen von Krankheiten

Diese Technik hatte ich erstmals 2002 angewendet, als meine Katze, Teufelchen, schwer krank wurde. Sie litt wegen einer Krankheit an schwerem Energieverlust und ich musste auf eine Technik zurückgreifen, die sie gut annimmt. Das ist bei Katzen ja meistens etwas schwierig, da sie sehr auf Berührung reagieren. So hielt ich, immer wenn es ihr nicht gut ging, meine Hände an ihre Rippen in einem Abstand von ca. 5 cm.
Dann stellte ich mir vor, wie ich das, was sie peinigte, mit den Händen aus ihrem Körper herauszog. Wenn meine Hände „voll waren“ (ich gestattete der unerwünschten Energie nur bis zu meinen Handgelenken zu fließen), nahm ich die Hände weg, drehte mich um und schüttelte die Hände energisch aus.

---

60 Bauanleitungen: http://www.albrecht4u.de/pages/art4.htm und http://freenet-homepage.de/Lakota-Indianer-Sioux/dreamcatcher.kata.peta.html

61 Siehe Schamanenstab Seite Schamanenstab38. Vielleicht lässt du dich auch ganz einfach von deiner eigenen Intuition leiten.

Ich sagte, dass ich nun diese Energien der Göttin überlasse, damit sie sie transformiert.
Dann habe ich die Behandlung so lange weitergeführt, bis Teufelchen sich besser anfühlte. Nach der letzten Energieübergabe an die Göttin habe ich die Bitte gestellt, dass ich nun heilende Energien in meine Hände bekomme, die ich an Teufelchen durch Handauflegen weitergegeben habe. So habe ich das „Loch", das durch den Entzug der unerwünschten Energien entstanden war, wieder gefüllt.
Heute mache ich diese Anwendung bei Mensch und Tier genauso, nur mit dem Unterschied, dass ich dann zum Abschluss Reiki sende.

Wichtig bei dieser Anwendung ist, den unerwünschten Energien, die man entfernt, eine Grenze zu setzen. Auch das Händeausschütteln ist sehr wichtig, damit man diese Energien auch bis zum letzten Funken wieder loswird.
Wenn man das nicht macht, besteht die Gefahr, dass man selbst erkranken kann.

Geistverschmelzung

In meinem Buch „Shapeshifting" beschrieb ich die Geistverschmelzung mit einem Menschen oder Tier. Es geht darum, dass ich mich als Heilerin mit dem Geist eines anderen Wesens vereinige, um 1. zu erfahren, was der Person fehlt und 2. eine Heilung einzuleiten.
Dazu solltest du dein Krafttier oder deinen Heilergeist bitten, dich zu begleiten. Gib ihm die Aufgabe, dich während einer Anwendung vor unerwünschten Energien, Krankheitserregern oder ähnlichem zu schützen, die nach der Anwendung an dir haften bleiben könnten.

Diese Technik benötigt eine ganz besondere stille Umgebung. Sie muss absolut störungsfrei sein. Während dieser Anwendung ist es unerlässlich, dass du nicht von Telefon, Klingel oder anderen Menschen gestört wirst. Wenn du deinen Körper für eine Geistverschmelzung verlässt, ist das so, als würde dein Körper schlafen. In diesem Zustand ist es äußerst unangenehm, plötzlich aufgeweckt zu werden.
Zur Unterstützung der Anwendung kannst du eine CD mit schamanischen Trommeln laufen lassen oder auch selbst trommeln.

Stelle dir vor, wie dein Geist den Körper am Kronenchakra oder Solarplexus verlässt, um dann mit dem Geist in dem Körper des anderen zu verschmelzen. Für den Eintritt kannst du das Kronenchakra oder den Solarplexus des anderen wählen. Wichtig ist, dass du immer die gleichen Stellen für den Austritt und Eintritt deines Geistes verwendest.

Wenn du spürst, dass du ein Teil des anderen geworden bist, siehst, spürst und hörst du alles, was der andere auch hört (wenn er es zulässt).

Der andere hat immer noch das Kommando über sich selbst, denn du bist so gesehen „nur" ein Gast. Das heißt, du kannst nicht in seinem Körper Dinge machen, die er nicht will.
Je nachdem, was der andere dir offenbart, kannst du fühlen, was ihm fehlt, woran er Freude hat und was seine Krankheit ausgelöst hat.
Es kann sein, dass der Andere – und dieses betrifft in der Regel nur Menschen – sich trotzdem vor dir verschließt. Es gibt Dinge, die sie selbst nicht wissen oder wahrhaben wollen, und das müssen wir akzeptieren.
Wenn jemand ganz dicht macht, ist das so, als würde man vor eine schwarze Mauer laufen. In solch einem Fall breche ich eine Geistverschmelzung ab. Ich bitte den Patienten dann darum, sich selbst nochmals zu reinigen oder sich reinigen zu lassen, damit sich Blockaden lösen können.
Wenn du nun in dem Körper des anderen festgestellt hast, was ihm fehlt oder was ihn stört, kannst du dafür sorgen, dass sich das ändert. Unterhalte dich mit seinem Geist, sage ihm, was ihm fehlt und wie er es zurückbekommen kann (bei Seelenverlust bitte das Kapitel „Seelenrückführung" lesen). Erinnere ihn daran, was einst für ihn wichtig war, und dass ihm nichts im Wege steht, sich das wieder zurück zu holen. Meistens stehen sich die Menschen ja selbst im Weg und brauchen dann nur einen kleinen Schubs. Störende Energien kannst du jetzt schon während der Verschmelzung beseitigen, entweder mit Reiki, Energiearbeit oder einem Zauberspruch. Verschaffe deinem Patienten Erleichterung, in dem du einfach aufnimmst, was ihn krank macht und schicke es zur Transformation ins Universum oder zur Göttin.
Natürlich gibt es Dinge, die sich nicht so einfach während einer Geistverschmelzung lösen lassen, dann ist noch eine weitere Anwendung von Nöten.
Tiere und Bäume sind in der Regel sehr offen für eine Geistverschmelzung.
Beende die Verschmelzung damit, dass du dich für sein oder ihr Vertrauen bedankst und du deinen Geist aus dem anderen Wesen vollständig zurückziehst und ihn in dein eigenes Kronenchakra oder Solarplexus wieder einfließen lässt.

Seelenrückführung

„Die Seele verlässt den Menschen, wenn sie zu wenig Liebe erhält“

Gala Naumova[62]

Eine Seelenrückführung macht man, wenn man spürt, dass beim Patienten ein Teil seiner Seele fehlt.

Seelenverlust äußert sich durch Depressionen, Selbstmordgedanken, Mordgelüste, Sucht, Orientierungslosigkeit, permanente Schuldzuweisungen und negative Gedanken anderen Menschen und dem Leben selbst gegenüber, eigene Lieblosigkeit anderen gegenüber etc.

Wenn sich jemand ungeliebt fühlt, sich als Opfer der Umstände sieht und ständig auf der Suche nach dem perfekten Glück ist, dann verabschieden sich Teile der Seele, weil sie nicht gebraucht werden. Sie gehen in die Anderswelt, ins Jenseits oder in die schamanische untere Welt.

Seelenverlust geht auch oft mit einem Schreck einher, z. B. wenn man aus einem Traum gerissen wird oder aus Angst bzw. Phobien die Lebensfreude verliert.

Im ersten Fall kann es zu einem Schreck kommen, wenn man schlecht schläft und zu einer gewissen Zeit vom Wecker aus dem Schlaf gerissen wird.

Wenn man spürt, dass diese Situation eine Belastung darstellt, kann man für sich selbst auf eine schamanische Reise gehen und gegebenenfalls eine Rückführung der verlorenen Seelenanteile einleiten.

Viele Menschen sind berufstätig und sind gezwungen zu einer bestimmten Zeit aufzustehen. Häufig sind die Ursachen in der Arbeit, die vielleicht zu anstrengend ist, zu finden. Wer sich nach der Arbeit nicht entspannen kann, nicht ausgiebig träumt, wird etwas ändern müssen, um nicht bald nur noch ein automatisches Wesen zu sein.

Ich persönlich habe festgestellt, dass nicht nur der Schlaf Entspannung und Ruhe bringt, sondern in ganz verstärktem Maße auch das Träumen. Da wir in unserem Träumen vieles verarbeiten, ist das der wichtigste Teil der Erholung. Auch dann, wenn uns der Alltag im Traum einholt. Gerade das ist für die Aufarbeitung so wichtig und am nächsten Tag sieht alles schon wieder ganz anders aus. Träume geschehen auf einer anderen Ebene unseres Bewusstseins. Dabei wirken sie sich auf die Realität aus und man ist morgens entspannter und fühlt sich gut.

Ich kann auch träumen, ohne tief und fest zu schlafen. Dösen reicht da schon und man kann auch alles viel besser behalten, was man geträumt hat.

---

[62] Gala Naumova, Sibirische Heilgeheimnisse. Vom magischen Wissen der Taiga-Schamanen.

Um ein vollständiger Mensch zu sein und um die zu sein, die wir sein sollen, brauchen wir auch unsere ganze Seele. Wenn durch Traumata, schlechte Erfahrungen und Lieblosigkeit, Teile der Seele lieber dahin gehen, wo sie sich besser fühlen, dann ist man nur noch ein Schatten seiner selbst. Man funktioniert zwar, aber nicht richtig und man liebt sich und sein Leben nicht mehr.
Und sich wieder selbst zu lieben, bedeutet, dass man das Gute in sich wecken muss. Das kann mit einer Seelenrückführung einhergehen. Allerdings müssen die Seelenteile dann auch gehegt und gepflegt werden, damit sie nicht wieder verschwinden.

Wenn du eine Seelenrückführung machen möchtest, musst du auf eine schamanische Reise für deinen Patienten gehen. Beginne zu trommeln und nimm′ deinen Patienten mit bis an die Tore in die andere Welt. Er soll es sich gemütlich machen und das, was er sieht und fühlt, genießen.
Diese Reise führt dich, je nach deinem spirituellen Hintergrund, in die Anderswelt oder die Unterwelt. Gehe einfach auf die Suche und frage alle Wesen, die du unterwegs triffst, ob sie einen Teil von deinem Patienten gesehen haben. Du kannst dich auch von deinem Heilergeist führen lassen oder deinem Krafttier.
Die Teile einer Seele offenbaren sich mir meistens als leuchtende Punkte, die selbst entscheiden, ob sie mitkommen möchten oder nicht. Ich fange sie nicht gewaltsam ein, sondern biete ihnen einen imaginären Korb an, in dem ich sie zum Patienten trage. Es kann vorkommen, dass Teile „nein“ sagen, wir wollen nicht mit. Dann frage sie, warum. Mit der Antwort kannst du deinen Patienten nach der schamanischen Reise konfrontieren, um anderweitig eine Heilung einleiten zu können (eine zweite Seelenrückführung sollte in frühestens 4 bis 12 Wochen stattfinden). Manchmal muss ein Patient gewisse Dinge tun oder erledigen, bevor die Seelenteile bereit sind, wieder zurück zu kommen. In einigen Fällen kann es vorkommen, dass sich Seelenteile dann auch ohne schamanische Reise wieder angliedern, wenn sie spüren, dass tatsächlich Veränderungen vorgenommen wurden. Das wird der Patient in der Regel selbst spüren. Auch hier ist es wichtig, dass dem Patienten die Verantwortung für sein Leben in seine Hände gegeben wird.
Wenn nun die Seelenteile bereit sind, mitzukommen, werden sie sich in deinen Korb begeben und du reist zurück zu deinem Patienten, den du vor den Toren zurückgelassen hast. Gib ihm ganz sacht seine Seelenteile an die dunklen Stellen zurück und singe dabei dein Kraftlied. Wenn du damit fertig bist, streiche einmal über seine Aura.

Wenn du die schamanische Reise erfolgreich abgeschlossen hast, dann erwachen beide wieder in der realen Welt. Nun kannst du entweder ein Gespräch mit deinem Patienten führen (wenn die Seelenteile sich verweigert haben) oder bei Erfolg eine Aurastärkung machen, indem du die Aura des Patienten von unten nach oben mit einer Feder glatt streichst. Natürlich sollte auch jetzt noch ein abschließendes Gespräch stattfinden.

Fernheilung und Gebete

Wenn jemand erkrankt ist und gerade nicht in deiner Nähe, kannst du mit vielen Techniken auch eine Fernheilung anwenden.
Entweder kannst du Reiki schicken (dazu bei Reiki 2. Grad mehr), im Tanz aufgebaute Energien oder auch Gebete.
Du kannst das während einer schamanischen Reise machen oder in einer Meditation. Ich stelle mir dazu immer die betreffende Person vor, wenn sie aus meinem Bekannten- und Freundeskreis ist. Oder ich lasse mir ein Foto, das Geburtsdatum und Wohnort geben, wenn ich die Person[63] nicht kenne.
Wenn ich die Person kenne, dann lasse ich sie vor meinem geistigen Auge erscheinen, entweder in ihrer materiellen Form oder als Energiekörper.
Manchmal sehe ich die Person auch in ihrer Wohnung, wie sie am Tisch sitzt oder im Bett liegt. Dann rufe ich heilende Energien herbei und schicke sie als gebündelten Lichtstrahl zu ihr. Ich sehe die Person vor mir im hellen Licht stehen und lasse das Licht an ihr arbeiten.
Wenn mir die Person nicht bekannt ist, präge ich mir ihre Daten ein (Name, Geburtsdatum etc.), nehme das Foto und schaue es mir an. So nehme ich Kontakt zu ihr auf und sende die heilenden Energien.

Eine weitere Variante ist, ein Gesundheitsgebet zu schreiben. Ich visualisiere die Person und spreche das Gebet. Dazu hauche ich die Worte von mir weg und schicke sie so auf den Weg. Anstatt zu hauchen, kannst du das Gebet auch in deine Gebetsfeder sprechen und sie in die Richtung fächern, in der dein Patient lebt.

Als weitere Alternative hole ich meine Helferchen herbei, die sich dann in meinen Händen versammeln. Ich sage ihnen, was es zu tun gibt und bei wem und schicke sie mit einem Anpusten los. Manchmal brauchen sie zehn Minuten, manchmal aber auch eine ganze Nacht. Sobald sie wieder bei mir sind, spüre ich das.

Manchmal mache ich auch Genesungskarten. Ich male ein intuitives Bild mit Buntstiften, segne es und versende es an die Person ganz normal mit der Post.

---

63 Natürlich ist das auch bei Tieren möglich, Bäume, Landstriche, alles, was der Heilung bedarf.

Hexenmagie

Hexenrituale jeglicher Art führe ich immer alleine oder mit anderen Hexen durch, während ich meine Hilfesuchenden bei schamanischen Ritualen mitwirken lasse.
Hexenrituale sind aus meiner Sicht etwas persönlicherer Natur und ich gebe sie in der Regel nicht jedem Menschen preis. Manchmal arbeite ich auch Heilrituale für andere aus, die sie dann selbst durchführen können. Ich unterstütze sie auf Wunsch zu der Zeit des Ausführens mit Energie.
Eigentlich bin ich auch der Meinung, dass jeder Mensch zaubern kann und etwas für sich tun kann, denn je mehr man für sich selbst macht, desto besser hilft es auch. Aber es gibt Ausnahmen, in denen ich das Ritual ausarbeite und alleine durchführe. Darum ist es so wichtig, sich in einem intensiven Gespräch mit einem anderen Menschen darüber klar zu werden, welche Methode für ihn die beste ist.

In der Hexenmagie kommen meistens mehrere Techniken gleichzeitig zur Anwendung. Ein Hexenritual wird mit Farb- und Kerzenmagie, Mondstand und Zaubersprüchen etc. durchgeführt und kann eine sehr komplexe Sache sein. Die Korrespondenzen findest du im Anhang, sodass du dir, abgestimmt auf dich oder das zu behandelnde Wesen, einen zielgerichteten Zauber ausarbeiten kannst.
Wenn du es ganz genau machen willst, achtest du auf den richtigen Mondstand und den Tag, an dem das Ritual stattfinden soll.

Im Folgenden beschreibe ich ein Core-Ritual[64] und danach die einzelnen Komponenten eines Zaubers. Wie viel oder wie wenig davon zum Einsatz kommen, liegt ganz bei dir. Du kannst einen kleinen schnellen Zauber ohne viel Aufwand machen oder ein großes aufwändiges Ritual. Ich bevorzuge in der Regel die Goldene Mitte.

---

64 Ein sehr ausführliches Wicca-Ritual findest du in meinem Buch „Nerthus´ Buch der Schatten", aber auch in meinen Büchern „Nordische Magie" und „Shapeshifting" gibt es Ritualbeschreibungen. Auch in diesem Buch findest du diverse Ritualausführungen.

Ritualablauf

- Vorbereitungen treffen (alles Störende wie Klingel und Telefon ausstellen, Zauberzubehör und Ritualgegenstände bereitlegen).
- Altar schmücken.
- Kreis festlegen (die Grenzen des magischen Kreises sollten klar definiert werden – ob nun um das ganze Zimmer oder nur ein kleiner Kreis um den Altar).
- Altarkerze(n) anzünden (das ist meistens eine weiße Kerze, mit der man sich auf das Ritual einstimmt und die göttliche Präsenz fühlbar wird).
- Räucherung anzünden.
- Reinigung mit Räucherung von Körper, Geist und Seele und dem Ritualplatz.
- Reinigung der Himmelsrichtungen mit Rauch, dabei werden die Elemente angerufen...

  Osten: *„Ich rufe die Mächte der Lüfte und die Mutter der Winde an; kommt herbei und segnet mich mit Euren Fähigkeiten, so soll es sein.“*

  Süden: *„Ich rufe die Mächte des Feuers und die Mutter der Sonne an; kommt herbei und segnet mich mit Euren Fähigkeiten, so soll es sein.“*

  Westen: *„Ich rufe die Mächte des Wasser und die Mutter der Meere und der Flüsse an; kommt herbei und segnet mich mit Euren Fähigkeiten, so soll es sein.“*

  Norden: *„Ich rufe die Mächte der Erde und die Mutter der Felsen und Höhlen an; kommt herbei und segnet mich mit Euren Fähigkeiten, so soll es sein.“*

- Der Kreis wird geschlossen (du drehst dich einmal mit ausgestreckter Hand im Uhrzeigersinn und sagst, ich schließe nun den Kreis, ich bin zwischen den Welten).
- Energieübung und Zentrieren.
- Anrufung der Göttin (im Anhang findest du viele Göttinnen der Welt, die heilerisch tätig sind).
- Heilarbeit (das eigentliche Heilritual, z. B. Herstellung eines Heilbeutels ist oder Kerzenmagie etc.)
- Gaben für die Göttin segnen und bereitlegen.
- Ein Dankesgebet an die Göttin.
- Elemente werden verabschiedet – in die jeweilige Richtung drehen und *„Habt Dank, Ihr Mächte des Nordens (Westens, Südens, Ostens) für Eure Unterstützung“*.

- Der Kreis wird wieder geöffnet (du drehst dich einmal im Uhrzeigersinn und bedankst dich für den Schutz, etc.).
- Erdung.
- Aufräumen des Altars, gegebenenfalls Vergraben der Puppe oder Kräutermischungen, Verschicken einer Genesungskarte oder Übergabe eines Heilbeutels.

Heilaltar

Jede Hexe hat einen Altar zu Hause, einen im Garten (wenn vorhanden) oder in der Natur. Einen Altar zu gestalten, ist eine heilige Tätigkeit und erfordert deine Intuition. Er ist dein heiliger Ort, an dem du wirkst, magisch arbeitest, mit der Göttin lachst und weinst. Es ist der Ort, an dem Heilung passieren kann. Im Alten Ägypten kannte man den „Tempelschlaf". Die Kranken wurden in einem Tempel auf ein Lager gelegt, auf dem sie schlafen konnten. Während des Schlafes nahmen sie die heilenden Energien des Ortes auf und wurden wieder gesund.
Wenn du selbst krank bist, kannst du deinen Altar mit all den Dingen schmücken, von denen du weißt, dass sie dir mit ihrer Anwesenheit helfen.
Dann machst du dort dein Nachtlager und ziehst einen Kreis. Rufe die Göttin an und bitte sie, dir Heilung zu schicken, Schutz und Segen. Lege dich hin und schlafe solange du kannst. Fühle die Energien, und wenn du den nächsten Morgen wieder aufwachst, wird sich einiges in dir gewandelt haben. Bedanke dich bei der Göttin und öffne den Kreis wieder.
Wenn du nachts mal auf die Toilette musst, kannst du den Kreis symbolisch an einer Stelle öffnen, hinausgehen und wieder verschließen. Wenn du zurückkommst, öffnest du wieder diese Stelle, gehst in den Kreis hinein und verschließt den Kreis. Du kannst auch für alle Fälle an einer Stelle deinen Hexenbesen hinlegen, der eine Schwelle zwischen den Welten darstellt. Über ihn brauchst du jeweils nur einen großen Schritt machen. Das ist ein wenig unkomplizierter als die ständige Kreisöffnung und -schließung.
Wenn ich eine Erkältung habe, lege ich mir gerne Kräuter auf den Altar, um wieder besser durchatmen[65] zu können, ein Bild einer Heilgöttin, den Ring meines Heilergeistes und evtl. ein Heilsigill.
Wenn man Medikamente nehmen muss, kann man sie auch auf den Altar legen und die Göttin darum bitten, dass sie schnell helfen und möglichst keine Nebenwirkungen auslösen. Ansonsten gehören für mich auf meinen Heilaltar immer meine Gebetsfeder, eine Kerze und mein Glöckchen.

---

[65] Bei verstopfter Nase hilft eine aufgeschnittene Zwiebel oder alternativ ganz normale Nivea-Creme, die man sich mit einem Wattestäbchen in die Nase einführt.

Mondmagie

Der Mond beeinflusst das Geschehen auf der Erde, in dem er Ebbe und Flut lenkt. Wenn Schwarzmond ist, fühlen sich die meisten Menschen schlapp und müde. Darum ist er der Regeneration und Erholung vorbehalten.

Bei Vollmond ist das genau umgekehrt und die Menschen sind voller Tatendrang und Energie.

So haben sich Hexen dieses Wissen zu Eigen gemacht und setzen diese Kräfte zur Heilung ein. Geistheilungen entfalten ihre größte Wirksamkeit bei zunehmendem Mond und bei Vollmond[66].

Wenn man Kräuter bei Vollmond erntet, haben sie ihre größte Wirkkraft und alles, was man zu Vollmond macht, vermehrt sich. Das heißt, dass Heilungen in dieser Zeit eine beschleunigte Wirkung haben.

Natürlich kann es nun vorkommen, dass man unbedingt eine Anwendung bei abnehmendem Mond machen muss. Wenn es sich nicht aufschieben lässt, ist es auch nicht das Problem, aber es kann sein, dass die Heilung dann etwas zögerlicher von statten geht.

Genauso verhält es sich mit den Tagen und Planeten: ein Heilritual, das schnell und unkompliziert wirken soll, macht man am besten an einem Sonntag oder Montag bei zunehmendem Mond oder Vollmond. Ist aber gerade Freitag und abnehmender Mond, dann zelebriere ich, wenn es dringlich ist, das Ritual trotzdem.

---

[66] Während bei medizinischen Eingriffen, wie z. B. Operationen und Zahnbehandlungen, bei denen erfahrungsgemäß Blut fließt, der abnehmende Mond zu bevorzugen ist.

Zaubersprüche

Sie sind wie kurze Gebete oder Gedichte, die an die Göttin gesendet werden. Ein Zauberspruch wird meistens knapp und präzise formuliert und immer in einem positiven Wortlaut geschrieben werden. Worte wie „kein“, „nicht“, „weg“, „verschwinden“ etc. sind tabu.
In einem Zauberspruch soll „nicht die Krankheit verschwinden“, sondern „die Gesundheit kommen“.
Sie werden immer 3x ausgesprochen und zum Schluss kommt dann mein Lieblingssatz *„3 x 3 gezaubert ist 9, so wie ich es will, so soll es sein“* oder *„Durch die Macht von 3 x 3, was ich mir wünsche, komm´ herbei.“*
Natürlich geht ein Zauberspruch leichter von den Lippen, wenn er sich reimt, aber das ist jetzt nicht das Hauptkriterium eines Spruches. Die meisten von uns sind vielleicht keine Poeten, aber je mehr Gedanken und Energie ich bei der Findung in einen Zauberspruch lege, desto wirksamer ist er.
Zaubersprüche wirken besonders gut, wenn man sich die erkrankte Person während des Aussprechens gesund und munter vorstellt.

Kleine Beispiele:

- *„Komm´ herbei, komm´ herbei, möge die Energie des Lichts mich (Name von dir oder auch eines Patienten) erfüllen.“*
- *„Möge mich Gesundheit auf all meinen Wegen begleiten.“*
- *„Liebe, Güte und Schönheit sollen mich begleiten, bis ich wieder gesund bin und darüber hinaus.“*
- *„Ich rufe Gesundheit in mein Leben, Glück und Freude.“*
- *„Im heiligen Namen der Göttin, die uns allen auf dieser Erde Leben einhaucht, weihe ich diese Kerze als ein magisches Instrument der Heilung.“*
- *„Alles wird gut.“*
- *„Gesund will ich werden, gesund will ich bleiben.“*
- *„Heilende Kräfte, heiliges Licht tretet ein, und ich (dein Name oder des Patienten) werde wieder ganz schnell gesund sein.“*
- *„Liebe Gesundheit, komm´ zu mir zurück und bringe deine Freunde mit.“*
- *„Im Namen der Hexengöttin wirke ich diesen Zauber. Bitte gib´ mir deinen Segen und deine Liebe zum Genesen.“*
- *„Liebe Göttin, segne mich mit Deiner Liebe und Deiner Kraft. Schenke mir Heilung und Gesundheit. So soll es sein.“*
- *„Liebe Göttin, bitte heile mein Herz und lass Freude und Liebe hinein. So soll es sein.“*
- *„Liebe Göttin, bitte heile mich an Körper, Geist und Seele. Erfülle mich mit Deinem Licht und Deinem Segen.“*

- *„Liebe Göttin, bitte schütze uns und unser Heim, lasse nur die guten Energien hinein. So soll es sein.“ Oder:*
- *„Liebe Göttin, bitte schütze uns und unser Heim, lass nur Licht und Liebe hinein. So soll es sein.“*

Farbmagie

Farben lassen sich in vielerlei Hinsicht einsetzen: als Visualisierung, als Kleidung und in der Kerzen- und Puppenmagie. Man kann für Zaubersprüche auch farbiges Papier verwenden, die man erst unter eine Kerze legt und hinterher verbrennt. Außerdem kann man für Sigillen oder Runen auch bunte Satinbänder oder Stoffstreifen nehmen, die man dann in einen Busch und an einen Baum knotet, damit der Wind den Heilungswunsch mitnimmt.
Die Farbtabelle im Anhang gibt dir Aufschluss darüber, welche Farbe in welcher Situation oder bei welchen Beschwerden eingesetzt werden kann.
Z. B. verwende ich gerne Blau bei Fiebererkrankungen oder Schmerzen, während ich Rot gerne bei einem geschwächten Immunsystem anwende. Violett eignet sich hervorragend bei Hirntumoren und Orange bei Depressionen.

Wenn ich nur die Farbe an sich anwenden möchte, gehe ich in eine Meditation und visualisiere die Farbe vor meinem dritten Auge. Häufig kann ich eine Farbe auch mit einem Gefühl (rosa z. B. mit Wohlfühlen, rot mit sexuellem Verlangen, schwarz mit Geborgenheit) verbinden. Ich fühle das jeweilige Gefühl und kann so besser die Farbe vor dem 3. Auge sehen.
Oder ich verbinde die Farbe mit einem Gegenstand (z. B. rot mit einem Herzen, blau mit dem Himmel, grün mit einem Blatt, weiß mit Schnee). Ich visualisiere also den farbigen Gegenstand und vergrößere ihn so stark vor meinem Auge, bis nur noch die reine Farbe übrig ist.
Wenn ich die gewünschte Farbe vor meinem geistigen Auge sehe, übertrage ich sie auf die zu behandelnde Person. Entweder als sogenannte Fernheilung, als Energiestrahl oder direkt beim Handauflegen. Farben sind – wenn sie leuchtend und klar sind – eine Augenweide und wir setzen bestimmte Farben ja auch immer mit etwas für uns Wichtigem in Verbindung: Weiß mit dem Winter, helles Grün mit dem Frühling, saftiges Grün und Gelb mit dem Sommer und Orange, Braun und Rot mit dem Herbst.

Farben zu sehen, ist eine ganz besondere Fähigkeit, die nicht jedes Lebewesen besitzt. Manchmal sind auch Träume in leuchtenden Farben, andere sind nur in schwarz/weiß.
Wenn du mit Farben arbeiten möchtest, kannst du dir auch einen Regenbogen vorstellen und jede einzelne Farbe für ein paar Minuten auf dich wirken

lassen. Vielleicht hast du einmal ganz spontan die Möglichkeit, diese Übung mit einem echten Regenbogen zu machen, das ist ein wunderbares Erlebnis, weil es wie ein Geschenk ist.
Diese Farbdusche wirkt auf allen Ebenen deines Seins und erfüllt dich mit dem göttlichen Segen.

Kerzenmagie

Ich arbeite sehr gerne mit Kerzen. Es ist nicht nur ihr warmes Licht, das mich in eine besondere Stimmung bringt und den Kontakt zum Göttlichen herstellt, sondern auch ihre Farben.
Kerzen- und Farbmagie ergänzen sich bestens.
Im Anhang in der Farbliste findest du eine Liste, in der steht, welche Farben welchen Beschwerden zu geordnet werden. Ich verwende am häufigsten blaue oder grüne Kerzen für Heilungsrituale oder violette Kerzen für mentale Probleme.
Ein ganz einfaches Kerzenritual ist, eine entsprechende farbige Stabkerze zu wählen, sie der Göttin zu weihen und sie mit einem Zauberspruch zu besprechen. Dann lasse ich sie an einem Stück abbrennen[67].
Ein anderes Kerzenritual ist, sie an einem bestimmten Tag zu weihen und sie dem Patienten mitzugeben, damit er sie abbrennen kann. Als Anweisung kannst du ihm mitgeben, sie jeden Tag ein paar Minuten abbrennen zu lassen, während er über der Flamme[68] meditiert. Seine Gedanken sollte er hinterher aufschreiben, damit er sie beim nächsten Treffen oder Telefonat mit dir besprechen kann (wenn er möchte).
Kerzen können auch mit Runen und Gesundheitssigillen versehen werden. Im Anhang findest du auch eine Liste der Tierkreiszeichen und der dazu gehörigen Körperteile, sodass du auch das passende Tierkreiszeichen verwenden kannst. Du kannst das Zeichen in die Kerze ritzen oder du bringst es mit einem Kerzenpen auf die Kerze auf. Es gibt Kerzenpens in sehr vielen Farben, sodass man sie ebenfalls auf den Zauber abstimmen kann.
Bei langwierigen Erkrankungen nehme ich auch gerne eine Stumpenkerze, die ein paar Tage brennt. Auch diese weihe und versehe ich mit magischen Zeichen. Dann lasse ich sie an einem Stück abbrennen und jedes Mal, wenn ich sie sehe, spreche ich einen Heilungs- oder Segensspruch für die betreffende Person.

---

67 Das mache ich draußen auf dem Balkon in einer Glaslaterne. Da kann nichts passieren. Auch nicht mit den dicken Stumpenkerzen, die 2 und mehr Tage abbrennen.

68 Erwähne bitte auch, dass die Flamme niemals ausgeblasen werden sollte, damit die Wünsche nicht einfach davon fliegen.

Als Unterstützung verwende ich auch gerne Öle, mit denen ich die Kerzen einreibe.
Und so funktioniert eine Kerzensalbung:
Nimm einen Tropfen Öl auf deinen linken Zeigefinger und beginne in der Mitte der Kerze, das Öl aufzutragen. Von der Mitte aus salbst du die Kerze nach oben zum Docht. Danach nimmst du einen zweiten Tropfen und salbst die Kerze von der Mitte angefangen bis ganz nach unten.
Dicke Stumpenkerzen salbe ich nur oben auf, rings um den Docht herum im Uhrzeigersinn und sage dabei meinen Zauberspruch auf.

Kerzen zünde ich auch regelmäßig für verstorbene Seelen an, damit sie den Weg ins Licht finden. Wenn es sich um etwas schwierigere Fälle handelt, zünde ich auch gerne ein Räucherstäbchen dazu an.
Ein für mich äußerst wichtiges Ritual ist die Ahnenanrufung bzw. Ältestenanrufung[69]. Sie stehen mir mit ihrem Rat zur Seite, wenn ich ihre Hilfe brauche.
Dafür nehme ich eine weiße Kerze und salbe sie mit Beifußöl. Wenn ich das Öl rieche und dann die Kerze anzünde, dann falle ich schnell in eine tiefe Meditation, in der ich Kontakt zu meinen Ahnen habe.
Kerzen unterstützen Gebete, die man an die Göttin richtet. Wenn ich z. B. ein etwas langwierigeres Problem zu bewältigen habe, dann nehme ich eine Kerze in meiner Lieblingsfarbe (und das ist rosa) und weihe sie der Göttin. Dann schreibe ich einen Zauberspruch und jeden Abend vor dem Zubettgehen zünde ich die Kerze an und schaue eine Weile in die Flamme. Dann sage ich dreimal meinen Zauberspruch und lösche die Kerze mit angefeuchteten Fingern. Das mache ich solange, bis sich das Problem gelöst hat. Häufig ist das vor Ablauf der Kerze, und dann lasse ich den Rest als Dankeschön an die Göttin auf einmal abbrennen.

---

69 Unsere Ahnen sind in der Regel unsere lieben Verstorbenen, während die Ältesten zwar im weitesten Sinne ebenfalls unsere Ahnen sind, aber eben so alt sind, dass wir das nicht erfassen können. Sie sind, so wie ich das in einer Trance als Botschaft erhalten habe, die ersten humanoiden Wesen auf dieser Erde (zu denen ich auch die Neandertaler zähle). Ihre Weisheit ist unermesslich, aber sie lassen sich meistens nur ungern stören. Z.B. ist meine spirituelle Lehrerin, über die ich in meinem Buch „Ouija, Tore zu anderen Welten durch Rituale und Séancen“, eine Älteste. Manchmal erscheint sie mir so, als wäre sie die Erde selbst.

Magische Öle

Ich arbeite gerne mit magischen Ölen, weil sie nicht nur schön duften, sondern auch starke magische Träger-Substanzen sind.
Ich nutze sie als Salbungsöl für Kerzen oder Menschen, in Putzwasser, als Parfüm, oder ich reibe z. B. mit einem Schutzöl meine Haustürschwelle und die Türschlösser ein.
Eine Freundin nutzt Öle auch gerne in der Badewanne. Dazu sollte man ein paar Tropfen reines ätherisches Öl mit etwas Sahne vermischen und dann dem warmen Badewasser beigeben.

Bitte beachte diese Hinweise: für Tiere sind Öle jeglicher Art nicht geeignet. Bei Kindern sollte man wegen eventueller allergischer Reaktionen vorsichtig sein und dem Trägeröl weniger ätherisches Öl beifügen.

Öle lassen sich auf verschiedene Arten herstellen.

Methode 1: Ich nehme reine ätherische Öle und „verdünne" sie mit einem Trägeröl (Jojoba- oder Olivenöl), z.B. bis zu 10 Tropfen ätherisches Öl auf 10 ml Trägeröl. Das gemischte Öl ist sofort einsatzbereit.

Methode 2: Wenn mir keine ätherischen Öle zur Verfügung stehen (weil sie zu teuer sind oder es keine ätherischen Öle der jeweiligen Pflanze gibt), dann nehme ich einen Teil der Pflanze, zerkleinere ihn, z.B. Alraunenwurzel, sodass er in eine 10 ml Tropfenflasche passt und fülle sie mit einem Trägeröl auf. Dieses Fläschchen lasse ich ca. 3 Wochen im Licht stehen, damit die Pflanze ihre Wirkstoffe an das Öl weitergeben kann. Außerdem stelle ich es zu Vollmond ins Mondlicht, um es zusätzlich magisch aufzuladen.
Ich lasse die Pflanzenteile übrigens in den Fläschchen, bis das Öl aufgebraucht ist. Das ist sehr dekorativ und gefällt mir gut.

Eine Freundin nimmt auch gerne starkriechende Kräuter, wie z.B. Rosmarin, Salbei, Pfefferminze, Lavendel, um sie in Öl anzusetzen. Wenn das Öl den Duft angenommen hat, ist es gebrauchsfertig. Das gleiche kann man auch mit Harzen (Weihrauch, Myrrhe, Amber etc.) machen.

Als ich mit dem Experimentieren angefangen hatte, fiel mir auf, dass mir viele Mischungen meistens zu geruchsintensiv waren. Ich beschränke meine eigenen Rezepte auf ein bis drei Öle. Manche Pflanzen sind von sich aus auch schon sehr kräftig und mächtig und brauchen nicht die Unterstützung anderer Öle, wie z.B. Beifuß.

Heilungsöl:
Je 4 Tropfen: Rosmarin und Wacholder und 1 Tropfen Sandelholz auf 10 ml Trägeröl.
Dieses Rezept von Scott Cunningham habe ich ein klein wenig abgewandelt, weil mir der Geruch dann besser gefiel. Es soll Heilungsprozesse beschleunigen.
Oder 10 Tropfen Eukalyptusöl auf 10 ml Trägeröl.

Schutzöl, Reinigungsöl, Verbindung zu den Ahnen/Ältesten:
10 Tropfen Beifußöl auf 10ml Trägeröl.
Dieses Öl steht einfach für sich und darum mische ich es auch nicht mit anderen Ölen.

Reinigungsöl:
5 bis 10 Tropfen Kampferöl auf 10 ml Trägeröl. Dieses Öl durchdringt alles und reinigt sehr gut.

Salbungs- und Segnungsöl:
Entweder 5 Tropfen Weihrauchöl auf 10 ml Trägeröl, oder jeweils 5 Tropfen Sandelholzöl und Zedernholzöl auf 10 ml Trägeröl.
Oder: 1 bis 2 Tropfen Nardenöl auf 10 ml Trägeröl.
Mit diesem Öl berühre ich entweder das dritte Auge eines Menschen oder salbe meine Kerzen ein, um positive Kräfte anzuziehen oder jemanden zu segnen.

Friedensöl:
10 Tropfen Lavendelöl auf 10 ml Trägeröl. Dieses Öl gleicht aus und ist eine Wohltat für gestresste Menschen. Es schenkt auch einen geruhsamen Schlaf.

Verstärkeröl:
10 Tropfen Ingweröl auf 10 ml Trägeröl. Mit diesem Öl lassen sich Zauber verstärken und beschleunigen, wenn es mal jemand eilig hat. Auch wenn du für eine bestimmte Sache etwas mehr Mut brauchst, ist dieses Öl sehr hilfreich.

Für ganz Eilige gibt es auch die Anna Riva-Öle, von denen ich gerne folgende nutze:

Healing für Heilrituale und um selbst munter zu bleiben.
Dragon´s Blood gilt als das stärkste Schutzöl, da es die eigenen Energien stärkt, die eigene Aura schützt und Blockaden aufhebt. Im Putzwasser (ein Tropfen genügt) reinigt es die Wohnung sofort von allen unerwünschten Energien. Man kann auch eine schwarze Kerze mit diesem Öl einreiben und abbrennen, weil man nur einen Raum schützen will.

Reversible halte ich für Heilsessions sehr wichtig, weil es unerwünschte Energien in erwünschte verwandelt. Die indigenen Schamanen sagen, dass bei einer Krankheit böse Geister am Werk sind und sie die guten rufen, um die Krankheit zu vertreiben. Das kann man auch mit diesem Reversible Öl machen, in dem man es sich entweder täglich auf die Handgelenke gibt, bis man sich wieder besser fühlt oder man salbt eine Reversible Kerze (eine schwarze Kerze mit rotem „Kern“ – meistens sind es rote Kerzen, die in schwarzes Wachs getaucht werden) und brennt sie jeden Tag ein Stückchen ab und meditiert dabei, wie gut man sich fühlt, wenn alles wieder in Ordnung ist.
Narcissus wird am Körper getragen, wenn man Ruhe, Harmonie und Frieden nötig hat. Es fördert einen ruhigen Schlaf und bringt süße Träume der Liebe. Es ist ein gutes Antistressmittel, dass einem hilft, sich eine Zeitlang auf sich selbst zu konzentrieren.
Magic kommt bei mir zum Einsatz, um Heilrituale zu unterstützen oder wenn Rituale nicht die erwünschten Resultate gebracht haben. Natürlich muss man auch verstehen, dass es Heilungsprozesse gibt, die etwas länger dauern. Das hat auch etwas damit zu tun, in wie weit ich meine eigene Heilung auch vorantreibe.

Wer mit selbstgemischten Ölen arbeiten möchte, muss viel herumexperimentieren und es kann sein, dass du mit ganz eigenen Kreationen viel besser klarkommst. Für eine weitere Orientierung kannst du die Kräuterliste im Anhang verwenden.

Sigillen

Ein Sigill ist wörtlich genommen ein Siegel. Ich verwende ein Sigill, um einen Zauber zu besiegeln oder zu verstärken.
Es wird aus einem Wort geformt, aus dem ich alle doppelten Buchstaben entferne. Ich kann dieses Wort auch mit Runen schreiben und dann alle doppelten Runen entfernen. Aus den übriggebliebenen Buchstaben oder Runen mache ich ein Bild, in dem ich die Zeichen in einem festen Kreis so anordne, wie meine Intuition es mir sagt. Für solche Fälle habe ich mir aus Pergamentpapier ausgeschnittene Kreise in der Größe eines 2-Euro-Stückes ausgeschnitten und bewahre sie in einer Schachtel auf.
Ein Heilsigill kann auf ein Blatt Papier geschrieben und direkt am Körper getragen werden. Wenn man sie auf einem Blatt malt, dann kann man sie auch dem Feuer übertragen und die Asche in den Wind pusten. Oder du kannst sie in einen Heilbeutel legen.
Oder man kann sie mit einem Kajalstift auf die schmerzende Körperstelle aufmalen, damit sie dort wirken kann. Bei chronischen Schmerzen kann man

das Sigill auch mit Henna auf die Haut aufmalen, die dann ca. eine Woche hält.
Ich mache auch aus dem Namen eines Medikamentes bzw. seines Wirkstoffes ein Sigill, das die Wirkung verstärken und die Nebenwirkungen verringern soll.
Natürlich kann man auch aus Kräuternamen (oder aus ihren lateinischen Bezeichnungen) Sigillen herstellen, die man dann an dem Körperteil visualisieren kann, an dem sie wirken soll.
Jedes Sigill, das du jemals entworfen hast, solltest du in ein Büchlein schreiben, damit du es immer wieder zur Hand hast, wenn du es benötigst.
Manchmal entwerfe ich Sigillen, die ich auf ein Din A5-Blatt zeichne und über sie meditiere.

Ein Sigill gegen Schwellungen im Gesicht ist bei mir eines aus den Buchstaben „Bromelain“.
Wenn ich Zahnprobleme habe, dann zeichne ich es mir mit dem linken Zeigefinger auf die rechte Hand und halte die rechte Hand an die schmerzhafte Stelle und schicke zusätzlich heilende Energien durch das Zeichen. Natürlich kann ich das Sigill auch mit dem 3. Auge visualisieren und dann dorthin schicken, wo es gebraucht wird.
Eine weitere Möglichkeit ist, ein Sigill auf ein Stück Rinde oder ein getrocknetes Blatt mit Acrylfarbe oder Tusche zu malen und dieses zu vergraben. Wenn die Rinde oder das Blatt sich zersetzt hat, hat das Sigill ihre Aufgabe erledigt.
Ich arbeite gerne mit Materialien aus der Natur. Es ist einfach, preiswert und umweltfreundlich, die sogenannte Bio- oder Ökomagie. Alles, was man der Natur entnimmt, kann man ihr auch bedenkenlos wieder zurückgeben.

Runenmagie

Symbole und Zeichen arbeiten auf der unbewussten Ebene und sind deshalb sehr kraftvolles Werkzeug. Die Runen sind ein ganzheitliches magisches System, das sich hervorragend für magische Heilungsrituale eignet. Natürlich kann man mit ihnen auch Hinweise für Diagnosen[70] feststellen.
Wer mit Runen zaubert, sollte darauf achten, nur mit germanischen und nordischen Gottheiten zu arbeiten, damit kein Durcheinander entstehen kann.

Hinweise für Diagnosen erhalte ich, wenn ich z. B. für mich oder einen Patienten eine Rune[71] ziehe. Dazu zünde ich eine Kerze an und erlaube mir, Ruhe und Stille zuzulassen und greife dann mit der linken Hand in meinen Runenbeutel, um einen Runenstein zu ziehen.
Wenn der Patient mit anwesend ist, lasse ich ihn die Rune ziehen.

Mit den Runenzeichen kann man ähnlich arbeiten, wie mit den Reiki-Symbolen. Allerdings muss man in diese nicht von jemand anders eingeweiht werden, sondern sich so mit ihnen beschäftigt haben, dass sie einem in Fleisch und Blut übergegangen sind.

Für viele Runenzauber verwende ich drei Runen als so genannte Binderunen. Ich male sie entweder auf und/oder ich zitiere sie nacheinander wie einen Zauberspruch. Im Oktober 1999 hatte ich für einen Kater im Tierheim, der einer Mitarbeiterin entwischt war und dann aus ca. 8 Meter Höhe vor Angst vor der Feuerwehr aus einem Baum sprang, einen Runenzauber gemacht. Ich war mit Caruso beim Tierarzt und dieser stellte einen Schock und innere Blutungen fest. Der Kiefer war zum Glück nicht gebrochen, was aus solchen Höhen öfter vorkommt.
Er bekam Antibiotikum gespritzt und wurde in die Quarantäne gebracht.
Abends setzte ich mich hin und machte einen Zauber, damit Caruso schnell wieder gesund wurde. Ich legte den Zauber auf neun Tage an und zündete jeden Tag eine kleine weiße Kerze[72] an. Dazu entwarf ich einen Runenspruch mit drei Runen: Fehu, Raidho und Elhaz, den ich auf einen Zettel schrieb und unter den Kerzenständer legte. Den Spruch sagte ich täglich dreimal auf,

---

70 Wie ich an anderer Stelle schon bemerkte, dürfen Menschen ohne medizinische Ausbildung keine Diagnosen stellen. Aber wir können Hinweise erhalten, so auch durch die Lenormand-Karten. Wenn ich dann einen Verdacht oder Hinweis habe, sage ich zu der betreffenden Person, lasse bitte einen Gesundheitscheck machen oder hole dir eine zweite Meinung ein. Auf der anderen Seite können wir uns durch die Runen oder Lenormand-Karten auch eine Bestätigung einer ärztlichen Diagnose anzeigen lassen.

71 Mehr über Runen findest du in meinem Buch „Nordische Magie".

72 Eine Weihnachtsbaumkerze, die ungefähr 1 ½ Stunden brennt.

wenn ich eine Kerze anzündete. Nach neun Tagen war Caruso wieder fit und fand kurze Zeit später eine nette Familie.

Weitere Einsatzmöglichkeiten für Runen findest du oben unter Sigillen.

Weitere Binderunen findest du hier. Wenn du eine Fernheilung mit Runen machen möchtest, stelle dir die jeweilige Person vor und spreche immer als erstes drei Mal den Namen der Rune Ehwaz. Sie wirkt dann wie ein Toröffner. Sie gewährt dir den Zugang in die Anderswelt.
Wenn du möchtest, kannst du auch die Rune Tiwaz nehmen, da sie Zauber losschickt, so auch Heilzauber.
Manchmal muss man sich auch den Runen anvertrauen und sie zu einem sprechen lassen. Dann kannst du selbst wunderbare und hilfreiche Binderunen entwickeln.

Heilung auf vielen Ebenen:
Fehu, Hagalaz und Wunjo

Für mehr Energie:
Kenaz, Sowilo und Laguz

Für Harmonie:
Wunjo, Jera und Dagaz

Für Frauen, die gerne Mutter werden möchten:
Fehu, Berkano und Ingwaz

Bei sexuellen Störungen:
Gebo, Wunjo und Ingwaz

Für hyperaktive Kinder:
Isa, Jera und Mannaz

Für den Erhalt der Gesundheit:
Jera, Laguz und Odhala

Die Magie der Elemente

Jedes Element hat seine eigenen außergewöhnlichen Fähigkeiten, Anwendungen zu unterstützen. Luft, Feuer, Wasser und Erde haben magische Kräfte, die wir zu unserem Wohl nutzen können und auch sollten. Feuer und Wasser können uns helfen, unseren Körper von Erregern zu befreien, Erde gibt uns Kraft, uns zu regenerieren und Luft pustet uns durch, damit nichts mehr an uns hängen bleibt.
Die Elemente sind sehr starke Heiler, die wir jederzeit und schnell nutzen können.[73]

Luft

Die Luft ist der Atem der Göttin und ohne ihn könnten wir nicht mal ein paar Minuten überleben. Kontrollierte Atemzüge können uns beleben oder beruhigen[74]. Atmen ist so gesehen ein Energieaustausch.
Eine weitere Technik ist, in den jeweiligen Schmerz hinein zu atmen. Wenn du irgendwo Schmerzen hast, kannst du dir beim Ausatmen vorstellen, wie sich der Schmerz, bzw. die festsitzende Energie löst und verlässt. Beim Einatmen füllst du diese Stelle mit neuer frischer Energie. Selbst wenn du Schmerzen an einer Stelle hast, die beim Atmen wehtut, dann atme ganz langsam und in deinem Rhythmus in diese Stelle hinein. Fühle, wie nach ein paar Atemzügen der Schmerz nachlässt. Das hilft vor allem bei Verspannungen entlang der Wirbelsäule.

Manchmal brauchen Menschen auch eine sogenannte Luftveränderung. Um wieder richtig durchatmen zu können, ist das Reizklima an der Nordsee sehr empfehlenswert. Aber auch in den Bergen kann man frische Luft tanken.

Menschen, die Blockaden jeglicher Art haben, brauchen Wind, um die Gehirnwindungen wieder in Schwung zu bringen.
Wenn es windig ist, dann gehe einfach mal nach draußen und lasse dir den Wind um die Nase wehen. Spüre, wie sich einiges bei dir freisetzt und danke dafür, dass mit dem Wind auch neue Inspirationen gekommen sind.

Für eine Heilanwendung kannst du visualisieren, wie du am Strand stehst oder hoch oben auf einem Berg, wo der Wind ungestört wehen kann. Nichts hält ihn auf, auch du nicht. Du bist vollkommen luftdurchlässig und spürst, wie er

---

73 Zu den Elementen findest du mehr in meinen Büchern „Nerthus´ Buch der Schatten“ und „Shapeshifting“

74 Siehe Kapitel „Atem“ unter Schamanische Techniken.

durch dich hindurch fährt. Das kann ein sehr interessantes Gefühl sein, von kitzeln im ganzen Körper über ein ständiges an dir ziehen und drücken.
Der Wind nimmt alles mit, was du nicht mehr brauchst und bringt dir, was du brauchst. Aber halte nicht an etwas fest, sondern lasse es einfach geschehen.
Natürlich kannst du diese Visualisierung auch direkt am Strand machen.

Feuer

Feuer ist die Kraft der Transformation der Göttin. Sie verbrennt alles, was schädlich ist und mit der Asche befruchtet sie wieder den Boden, auf dem das wachsen soll, was wir brauchen.
Feuer und Hitze brauchen wir, um unsere Nahrung zuzubereiten, um bei Kälte unseren Körper zu wärmen und bei Krankheit, um Erreger auszuschwitzen.
Die natürliche Quelle der Wärme, die Sonne, können wir nutzen, um z. B. bei Erkältungen und etwas erhöhter Temperatur den Erregern etwas auf die Sprünge zu helfen. Je mehr wir schwitzen, desto eher verschwinden die Krankheitsanzeichen.
Wenn du die Sonne in der Natur nutzt, solltest du selbstverständlich auf Sonnenschutz achten.

Feuer braucht man auch bei einer Ohrkerzenreinigung. Wenn ich mich mit meiner Freundin treffe, ist eine Ohrkerzenzeremonie ein wichtiger Bestandteil unseres Treffens. Die Ohrkerzen[75] sind eine Entdeckung der Hopi und dienen der Reinigung des Ohres. Sie werden auch bei Einweihungs- und Medizinzeremonien angewendet.
Am besten macht man sie zu zweit, damit nichts in Flammen aufgeht oder Asche ins Haar fällt. Für eine Behandlung braucht man zwei Ohrkerzen, eine Schere, ein Glas mit Wasser, Wattestäbchen, Kosmetiktücher und ein Feuerzeug. Dazu kann man leise meditative Musik laufen lassen.
Wenn man das zum ersten Mal macht, empfiehlt es sich, nach der Anwendung noch ca. 10 bis 20 Minuten liegen zu bleiben. Natürlich sollte man das auch bei weiteren Anwendungen machen. Ich hatte nach meiner ersten Anwendung leichte Schwindelgefühle, trotz des Liegenbleibens, die aber ganz schnell wieder vergingen. Seitdem mache ich das regelmäßig, auch wenn ich allein

[75] Ich bevorzuge die Original Hopi Biosun Ohrkerzen. Hier gibt es einige Infos darüber www.biosun.com/ohrkerzen.htm

bin (dann halte ich mir einen Spiegel, damit ich sehe, wie weit die Ohrkerze abgebrannt ist oder ob Asche abfällt).[76]

Wenn man eine Anwendung zu zweit macht, legt sich deine Freundin auf den Boden oder auf eine Matratze und dreht sich so, dass eine Ohröffnung nach oben zeigt. Dann zündest du die Ohrkerze an und steckst sie deiner Freundin ins Ohr, und zwar so, dass kein Qualm entweichen kann.
Nun knistert es angenehm im Ohr und manchmal kann es auch so richtig Plopp machen, was ein besonders gutes Zeichen ist. Durch den Kamineffekt zieht alles, was im Ohr festsitzt, nach oben in die Ohrkerze.
Ist die Ohrkerze abgebrannt, löschst du sie in dem Wasserglas und behandelst das andere Ohr. Danach entfernt die Freundin ihren eigenen Ohrenschmalz aus dem Ohr, aber nur am Rand der Öffnung, damit man nicht alles wieder zurück ins Ohr schiebt. Ein paar Stunden später sollte man noch mal die Ohren mit Wattestäbchen reinigen.

Als Feuerrituale sind auch Sauna- oder Hamambesuche zu sehen. Durch die Hitze werden überflüssige Schlacken aus dem Körper entfernt.

Bei einigen Beschwerden (Erkältungsanflügen und leichten Muskelverspannungen) hilft eine Erwärmung des Körpers, die man durch Tanzen oder Yogaübungen[77] erreichen kann. Dabei werden Schadstoffe freigesetzt und mit Hilfe von viel Wasser ausgeschieden.
Eine weitere Erwärmung des Körpers kann man durch eine Energieübung erreichen, in dem man sich z. B. mit unbeschuhten Füßen auf den Boden stellt (oder sich im Schneidersitz hinsetzt) und eine Visualisierung macht. Dabei stellt man sich vor, dass man Wurzeln schlägt und durch diese Energie aus der Erde holt. Diese Energie führt man in jeden Bereich des Körpers und entlässt sie wieder durch die Wurzeln, die man zum Schluss wieder einrollt.

Ansonsten kann ich auch Rotlichtbehandlungen bei Erkältungen oder verspannte Muskeln empfehlen. Rotlicht ist auch gut für alte Katzen, wenn sie schon nicht mehr so gut gehen können und Wärme brauchen.

Für eine Heilanwendung kannst du visualisieren, wie du an einem schönen Ort in der Natur liegst. Die Sonne erwärmt deinen Körper und du spürst sie in jeder Zelle. Jede Zelle freut sich über die Wärme und gibt alles ab, was sie

---

[76] Die Biosun-Ohrkerzen verlieren nicht so schnell Asche, das kommt bei den preiswerteren Ohrkerzen eher vor und man sollte nach Abbrennen der ersten Hälfte einmal die Ohrkerze aus dem Ohr entfernen und die Asche mit einer Schere abschneiden.

[77] Ich bevorzuge Kundalini-Yoga, weil mein Körper besser auf diese Übungen reagiert, als auf Hatha-Yoga. Bei den Übungen atmet man bewusst in die Körperregionen, die gerade beansprucht werden, um Schlacken besser abzubauen.

nicht mehr braucht. Wenn du krank bist, kannst du sehen, wie schwarze Punkte dich verlassen und an der Luft verbrennen. Dort werden sie von der Sonne transformiert, damit sie keinen Schaden mehr anrichten können.

Wasser

Das Wasser ist das Blut der Göttin und es fließt, wohin es getrieben wird. Wasser bahnt sich immer seinen Weg und ist nicht wirklich aufzuhalten. Auf seinem Weg nimmt es alles mit, was nicht fest angebunden ist oder so leicht ist, dass es einfach oben auf mitschwimmt. So wird alles gereinigt, was gereinigt werden soll: Körper, Seele und Geist.
Wasser ist lebensnotwendig für jedes Lebewesen auf unserem Planeten und es hat große Heilqualitäten.
Wasser kann alles wegspülen, wenn wir es zulassen und wünschen: schlechte Empfindungen und unangenehme Erinnerungen, Gefühle, die nicht mehr zu uns passen und Angewohnheiten, die wir nicht mehr brauchen.
Es schwemmt Krankheitserreger aus, entspannt und heilt bei Bädern, beim Duschen befreit es von unerwünschten Energien, es wirkt wie Balsam auf die Seele, wenn man es als Rauschen eines Baches oder des Meeres hört oder als Regen oder das Tropfen an einem Gradierwerk.

Wasser sollte bei jeder Heilanwendung, ob mit Reiki oder anderen Methoden eine große Rolle spielen. Spirituelle Heilungsprozesse lösen auch auf der materiellen Ebene Schlacken ab, die unbedingt schnell ausgeschwemmt werden sollten. Bei Heilanwendungen, Einweihungen und diversen Reinigungsprozessen sollte immer genügend Wasser getrunken werden.

Bädern mit Kräuterauszügen (z. B. Rosmarin für müde Glieder, Lavendel zum Entspannen, Rose für angenehme Stunden zu zweit – ich nehme gerne zwei Handvoll in einen Baumwollbeutel und lasse das Badewasser darüber laufen – bei ätherischen Ölen darf man nicht zu viel nehmen, weil man sonst anfängt zu frieren oder die Schleimhäute brennen). Für die Hautpflege kann man eine Packung Buttermilch dazu gießen.
Um Erreger auszuschwemmen, kann man ein Salzbad mit Natron[78] nehmen.

Für eine Heilanwendung kannst du visualisieren, wie du bei Sonnenschein unter einem natürlichen Wasserfall stehst, der in einen kleinen See führt. Stelle dich unter den Wasserfall und lasse dir das Wasser auf den Körper fließen. Wenn du die Augen aufmachst, kannst du einen Regenbogen sehen. Wenn dir die Dusche reicht, dann tauche in den See ein und fühle das wohlige

---

[78] Je nach Wannengröße 1 bis 2 Beutelchen.

Umarmen des Wassers, das dich trägt und dahin bringt, wo du jetzt gerne sein möchtest.

Eine weitere Heilanwendung ist, bei Krankheiten reines Quellwasser zu trinken. Trinke es in kleinen Schlucken und beobachte oder fühle es, wie es durch deinen Körper fließt. Es fließt an deinen Organen vorbei und hinterlässt ein sauberes Gefühl. Wenn es an einem erkrankten Organ vorbeikommt, nimmt es die Erreger als schwarze Punkte mit. Wenn du dann auf die Toilette gehst, visualisiere, wie alles deinen Körper verlässt.

Wenn du an Magenproblemen oder Menstruationsbeschwerden leidest, dann hilft die ajurvedische Methode: koche morgens ein Liter Wasser 5 Minuten ab und fülle es, wenn es nicht mehr brodelt und ganz ruhig geworden ist, in eine Thermoskanne. Nun trinke über den ganzen Tag verteilt, immer mal ein paar Schlucke.

Eine Heilvisualisierung, wenn du etwas „loswerden“ möchtest, kannst du an einem Fluss machen. Beobachte erst, in welche Richtung der Fluss fließt. Siehe, wie nichts bleibt oder gleich ist. Alles fließt in eine einzige Richtung. Es kommt immer wieder etwas neues Wasser nach. Aber das alte schwimmt einfach hinfort. Wenn es wieder zurück wollte, müsste es sich sehr sehr anstrengen und das zeigt, wie anstrengend es tatsächlich ist, an Dingen kleben zu bleiben, die wir nicht mehr brauchen, vor allem dann, wenn sie uns nicht gut tun.
Werde einfach wie der Fluss, lasse dich treiben und alles, was du auf diesem Weg sehen kannst, bringt neue Inspiration und etwas Neues in dein Leben. Wenn du alles fließen lässt, dann regenerierst du dich ständig, wie deine Zellen in deinem Körper. So ein Fluss bringt auch eine große Portion Gelassenheit mit sich. Da er sich immer wieder selbst erneuert, muss er sich um nichts kümmern, alles passiert eben. Für uns kann das bedeuten, dass wir in manchen Situationen einfach mal abwarten sollten, bevor wir uns um ungelegte Eier Sorgen machen oder uns über Ärgernisse aufregen. Mit einer gewissen Gelassenheit können wir lernen, dass sich vieles von selbst erledigt. 99% aller Sorgen treffen übrigens nicht ein, wie ich mal gelesen habe. Außerdem haben wir auch Besseres zu tun, als uns Sorgen zu machen. Wer sich Sorgen macht, schaut in eine Zukunft, die noch gar nicht stattgefunden hat.

Erde

Die Erde ist der Körper der Göttin und bringt uns Nahrung. Sie gibt uns ein Zuhause und erfreut uns mit ihren Schätzen.
Erde kann uns Kraft zur Heilung geben und somit Stabilität in unserem Leben.
Als Moor kann man es äußerlich anwenden, wenn man z. B. einen Hexenschuss oder sonstige Verspannungen hat. Dafür muss z. B. die Moorwärmflasche erwärmt werden.

Als Heilerde[79] (auch Löß genannt) hilft sie äußerlich als Kaltanwendung bei Hautproblemen oder innerlich bei Magen-Darmbeschwerden (wie heißt es doch so schön „Dreck reinigt den Magen").
Sie ist mineralienreich (z. B. Kieselsäure, Eisen, Kalzium, Magnesium und Kalium) und weist auch einige Spurenelemente auf, wie z. B. Kupfer.
Sie hilft innerlich zum Entschlacken, normalisiert die Verdauung[80], hilft bei Vergiftungen (Nikotin, Alkohol, Lebensmittel), bindet Gifte, auch Umweltgifte, im Körper und führt sie aus, gibt ihm im Gegenzug Mineralien und stabilisiert die Abwehrkräfte und fördert den Stoffwechsel.
Auch Aras fressen Erde, um Gifte schnell wieder aus ihrem Körper zu bekommen.

Heilerde ist hilfreich bei Allergien und sie bindet Bakterien in Mund, Hals, Rachen und Darm. Sie unterstützt den Körper bei Zahnfleischentzündungen, Verstopfung, Durchfall, Schnupfen, schlechte Atemluft, schlechter Ernährung, Herzkrankheiten und Kreislaufschwäche.
Für einen erwachsenen Menschen sollen täglich zwei Teelöffel Heilerde (entweder einen Teelöffel gegessen und Wasser nachtrinken oder in Quellwasser gelöst getrunken) hilfreich und heilend wirken. Für Kinder bitte nur die Hälfte.

Das Rezept für ein mildes Heilerdewasser:
Erwärme ein Viertel Liter Wasser ein wenig (nicht kochen) und gib es auf zwei Teelöffel Heilerde in ein Glas oder einen großen Kaffeebecher und rühre es kräftig um. Dabei verteilen sich die Partikel und sollen nun über ein paar Stunden aufquellen. Vor dem Trinken bitte nicht aufrühren. Den Erdsatz

---

79 Heilerde von Luvos, erhältlich in verschiedenen Feinheitsgraden für innere und äußere Anwendungen in Drogerien und Apotheken; ich verwende Heilerde 2, weil es fein ist. Weitere Anwendungsmöglichkeiten und Beschreibungen zur Anwendung liegen den Verpackungen der Luvos Heilerde bei.

80 Als meine Katzen Durchfall hatten, empfahl mir der Tierarzt ultrafeine Heilerde, die bei Hunden sehr wirksam sei. Bei Anwendungen bei Tieren bitte erst den Tierarzt fragen.

unten im Glas kannst du noch mal mit Wasser aufgießen oder deinen Pflanzen geben. Seitdem ich in meine Erdbeerminze Heilerde gegeben habe, wächst sie richtig gut.
Wer ein konzentriertes Heilerdewasser haben möchte, macht es genau wie oben und rührt es aber vor dem Trinken um.
Beides wird in kleinen Schlucken getrunken. Mit dem konzentrierten Heilerdewasser kann bei Zahnfleischentzündungen oder Halsweh gegurgelt werden.

Als äußere Kaltanwendung (einen Brei anrühren und direkt auf die Haut geben) hilft sie bei Pickeln, Insektenstichen, Wunden, Verstauchungen und vielem mehr. Sie entzieht auch bei äußerlicher Anwendung dem Körper Gifte.

Damit kann man auch Kinder, Tiere und Pflanzen behandeln. Bei Kindern und Tieren sollte man dann einen Wickel machen, d. h. über die aufgetragene Heilerde ein sauberes Baumwolltuch wickeln.
Pflanzen, die eine Schnittstelle haben, kann man ebenfalls mit einem Heilerdebrei einschmieren oder wenn Zimmer- oder Balkonpflanzen etwas schlapp sind, dann gib´ ihnen etwas Heilerde zum Wohlfühlen und Gesundwerden.

Salz gehört auch zum Element Erde und es nimmt unerwünschte Energien auf und zieht Erreger aus dem Körper (Wannenbad – siehe Wasser und Natron). Ich mache gerne Nasenspülungen, um meine Nase von Schmutz zu befreien. Dazu nehme ich meine Neti Kanne[81], ca. einen halben Liter warmes Wasser und einen Teelöffel Salz. Ich rühre das Salz um, sodass das Wasser ungefähr den gleichen Salzgehalt wie unser Blut hat und führe den Ausgießer der Kanne an ein Nasenloch, halte den Kopf etwas schräg über das Waschbecken und lasse das Wasser durch das andere Nasenloch wieder heraus fließen. Wenn man fertig ist, bleibt so ein herrlicher Salzduft in der Nase zurück. Das ist dann so, als wäre man gerade am Meer oder einem Gradierwerk spazieren gegangen.

Ansonsten kann ich das Meer als großen Heiler empfehlen. Bei Problemen mit der Haut kann man mit Meerwasser schnell Heilung erwirken (und bei Atemwegserkrankungen). Vor ca. 15 Jahren wurden meine Beine von Katzenflöhen zerstochen und die Stiche wollten einfach nicht verheilen. Nach einem Besuch an der Nordsee und einem ausgiebigen Spaziergang barfuß durch die Wellen, waren die Stiche verheilt.

---

[81] Es gibt auch sogenannte Nasenduschen in Drogerien.

Heilvisualisierung:
So wie die Heilerde unsere Giftstoffe aufnimmt, können wir uns bei Erkrankungen auf eine Wiese oder an einen Strand stellen und Mutter Erde bitten, uns ihre Kraft zur Verfügung zu stellen, damit wir schnell wieder gesund werden. Fühle dabei, wie ihre Kraft in deine Füße steigt und die Beine hochgeht über deinen Unterleib, dein Herz, bis in die Arme und in den Kopf. Bleibe einfach an der Stelle eine Weile stehen und genieße das, was Mutter Erde dir gibt. Wenn du das täglich machst, wirst du eine schnelle Besserung verspüren und wieder voller Kraft dein Leben führen können.
Es hilft nicht nur bei körperlichen Beschwerden, sondern auch bei seelischen Erschöpfungszuständen. Diese Übung hilft uns, Kontakt zur Mutter Erde aufzunehmen und ihre Magie zu spüren.

Visualisierung in Mutter Erde:
Stelle dir vor, du gehst in eine große Höhle. Dort brennt ein kleines Feuer und an den Wänden siehst du gemalte Tiere und Menschen. Sie tanzen im Feuerschein und du hast das Gefühl, dass sie lebendig sind. Sie sind viel älter als du und sie kennen das Geheimnis der Heilung.
Du findest am Lagerfeuer ein paar bunte Decken. Du bereitest aus einigen Decken ein Lager und eine hebst du auf, damit du dich damit zudecken kannst. Wenn du dich hingelegt hast, schaust du auf die Decke der Höhle und siehst das Licht des Feuers, wie es immer wieder neue Muster wirft.
Du spürst deinen Körper auf dem Boden, von den Fersen bis zum Kopf. Vertraue dich ganz dem Boden an und spüre die geheimnisvollen Kräfte. Lasse alle Gedanken zu und lasse sie wieder gehen.
Stelle dir nun vor, dass du dort schläfst. Vertraue dich im Schlaf der Erde an. Geborgen im Schoße von Mutter Erde, die dir Träume schickt und die Kraft zum Gesundwerden. Wenn du wieder erwachst, schreibe einfach mal deinen ersten Gedanken auf.

Natürlich kannst du auch so ein Nickerchen in der Natur machen. An einem heiligen Ort, in einer Kirche, auf einer Blumenwiese, in den Dünen oder am Strand. Am Strand kann man sich prima von den Wellen einlullen und tragen lassen (bitte auf Sonnenschutz achten, damit es kein böses Erwachen gibt). Schlafen hat für mich immer etwas mit Urvertrauen und Mutter Erde zu tun. Wenn wir schlafen, berühren wir sie immer in irgendeiner Form, selbst, wenn wir in einem Hochbett schlafen. Wenn wir sie berühren, berührt auch sie uns.

Du kannst dich auch gesund träumen. Reise in einem Traum dorthin, wo du dich am wohlsten fühlst. Treffe dort die Seelen, die du liebst und mache einfach das, wonach dir ist. Du kannst solche Träume vor dem Schlafengehen initiieren, in dem du sie bereits vor dem Einschlafen visualisierst. Das erfordert vielleicht ein bisschen Übung, aber ich schaffe es dann manchmal sogar ganze Geschichten zu träumen. Ich war ja schon als Kind eine große Träumerin und daran hat sich bis heute – Göttin sei Dank – auch nichts geändert.

Alle viere…

Bei Erkältungskrankheiten hilft eine Inhalation mit Salzwasser (einen gehäuften Esslöffel auf einen Liter heißes Wasser). Hier kommen alle vier Elemente auf einmal zum Zuge: Der Dampf des Wassers (Luft), die Hitze des Wassers (Feuer), das Wasser und Salz (Erde). Inhalationen helfen die Nase und Nebenhöhlen frei zu machen, befeuchten die Naseninnenwände und reinigen gleichzeitig die Gesichtshaut.

Schlussgedanken

Wenn man sich überlegt, wie der Mensch mit diesen natürlichen Ressourcen umgeht, die jedem in seiner reinsten Form zur Verfügung stehen sollten, dann kommen mir wirklich die Tränen. Während ich das hier schreibe war, hier an der Ruhr[82], ein „Chemieunfall“ nach dem anderen. Flugzeuge und Kohlekraftwerke verdunkeln mit ihren Ausstößen die Sonne, die Luft wird mit Abgasen und Feinstaub verseucht und die Erde muss auf der einen Seite alles abgeben, was wir zum Leben brauchen, aber auch aufnehmen, was wir so an Müll produzieren. Z. B. das Atomendlager Asse, in dem auch Arsen für die nächsten Generationen aufgehoben wird.

---

[82] Die Ruhr ist ein Nebenfluss des Rheins und versorgt viele Städte des Ruhrgebietes mit Trinkwasser.

Lenormand

Die Lenormand-Karten habe ich deshalb angegeben, weil man mit ihnen schnell Hinweise auf Krankheiten erhalten kann. Bei meinen Kartenlegungen war ich damit immer sehr treffsicher und habe es mir von meinen Ratsuchenden bestätigen lassen. Als ich einer Bekannten das Kartenlegen beibrachte, war sie sehr erstaunt und ihre Kundschaft auch, wie „gut" die Lenormand-Karten sind. Die Bedeutungen der Lenormand-Karten habe ich im Anhang nur auf die gesundheitlichen Hinweise reduziert, damit du dich voll und ganz darauf konzentrieren kannst. Wenn du weiter in die Materie einsteigen möchtest, empfehle ich dir das Buch „Die Lenormand-Karten" von Anne L. Biwer.

Vieles, von dem ich hier schreibe, habe ich so in keinem Buch gefunden, es sind Erfahrungswerte, die ich in den letzten sieben Jahren beim Kartenlegen gemacht habe. Darum sind meine Angaben auch nur Hinweise. Jeder Mensch versteht die Karten anders, weshalb es so wichtig ist, eigene Bedeutungen zu finden. Jedes Deutungsbuch kann nur Versuche einer Kartenlegerin weitergeben, aber die Intuition dafür muss man schon selbst mitbringen.

Ich komme nun zu der Deutung der Karten:
Zuerst werden alle 36 Karten gemischt und auch alle ausgelegt. In der ersten bis vierten Reihe legst du neun Karten. Dann schaust du, wo die Dame (für eine weibliche Fragestellerin) oder der Herr (für einen männlichen Fragesteller) liegt.
Im günstigsten Fall liegen um die Personenkarte acht Karten. Wichtig für die Hinweise auf Krankheiten ist aber nur die Karte, die vor der Personenkarte liegt. Liegt keine Karte vor der Personenkarte, bedeutet das, das man noch nicht so weit ist, bestimmte Dinge zu erfahren. Meistens liegen sie dann auch sehr unbestimmt in der Zukunft und spielen jetzt einfach noch keine Rolle. Liegt die andere Personenkarte vor ihr, dann weist das nicht auf eine Krankheit hin.

Jetzt beschreibe ich die Kombination zu der Karte, die über der Karte liegt (so gesehen rechts diagonal über der Personenkarte), die auf einen gesundheitlichen Defekt hinweist. Diese Karte gibt Hinweise auf den Verlauf der Krankheit oder Tipps, was der Betreffende tun sollte.

Der Reiter bedeutet, dass die Heilung schnell eintritt.
Die Glückskarte Klee oder auch **der Baum** bedeuten: Alles wird wieder gut.
Das Schiff bedeutet, dass man mit einer etwas langwierige Geschichte rechnen muss.

Das Haus bedeutet, dass man sich fragen sollte, ob in der Beziehung zu bestimmten Menschen alles in Ordnung ist. Wenn eine Beziehung krank macht, sollte man daran auch gleich mitarbeiten.
Die Wolken bedeuten, dass die Krankheit noch im Nebel liegt, d. h. die Diagnose ist nicht sicher. Vielleicht liegt auch gar nichts vor und man macht sich nur Sorgen. In diesem Fall würde ich auch einen Arztbesuch empfehlen.
Die Schlange über der Karte deutet auf eine Person hin, die eher hinderlich bei der Heilung ist. Man sollte abwarten und auf sich selbst vertrauen.
Der Sarg oder **die Sense** bedeutet, dass man den Fragesuchenden empfiehlt, sofort einen Arzt aufzusuchen. Aber das muss man natürlich so machen, dass der andere nicht gleich in Panik verfällt. Die Frage, wann hast du den letzten Gesundheitscheck oder die letzte Krebsvorsorge gemacht, dürfte reichen.
Die Blumen bedeuten, dass sich alles zum Guten wenden wird und es kann sein, dass man im Frühling wieder richtig fit ist.
Die Ruten deuten auf Schwierigkeiten hin, die man u.a. auch selbst verursacht. Entweder durch Unzufriedenheit oder durch die Frage, ob man überhaupt beim richtigen Arzt ist und die richtige Behandlung erhält. Hier sollte man sich eine zweite ärztliche Meinung einholen.
Die Vögel deuten auf Sorgen hin, die eigentlich unnötig sind.
Das Kind bedeutet Wachstum, und dass eine Krankheit am Anfang ist. Hier ist schnelle Hilfe gefragt.
Der Fuchs deutet darauf hin, dass man sich selbst immer wieder ins Aus bringt. Es ist nicht der richtige Augenblick, Dinge zu tun, die die Krankheit fördern bzw. den Genesungsvorgang verzögern.
Der Bär bedeutet, dass es sich um Verschleiß handelt, der altersbedingt ist. Aber heutzutage kann man sich z. B. die Hüfte oder die Knie operieren lassen, sodass man schmerzfrei den Lebensabend genießen kann.
Die Sterne sind eine Glückskarte und deuten daraufhin, dass der Person zur Genesung einfach nur ausreichend Schlaf fehlt.
Der Storch ist ein Hinweis darauf, dass es Zeit wird, sich zu ändern, seine Lebenseinstellung und Lebensweise. D. h. es müssen auch sinnvolle Gespräche stattfinden, um wieder gesund zu werden.
Der Hund bedeutet Treue. Wenn man sich selbst treu bleibt und sich nicht für andere verbiegt, ist die Genesung greifbar.
Der Turm deutet auf eine sehr egoistische Verhaltensweise hin. Wenn man den Blick für das große Ganze verloren hat und nur noch jammert, dann verzögert sich die Gesundung.
Der Park deutet daraufhin, dass es Menschen gibt, die dich bei deiner Krankheit unterstützen. Öffne dich ihnen, denn sie haben dir etwas zu sagen und es ist o.k. sich helfen zu lassen. Dann wird alles wieder gut.

Der Berg zeigt an, dass man seine Energien blockiert, vor allem die, die man zur Gesundung braucht. Was hält jemanden davon ab, gesund zu werden?
Der Weg steht für eine Entscheidung, um die man sich drückt, leider nicht erfolgreich, denn sonst wäre man ja nicht erkrankt. Sobald die Entscheidung getroffen wurde, geht es wieder bergauf.
Die Mäuse deuten darauf hin, dass man jetzt ganz schnell handeln muss.
Das Herz bedeutet, dass man mit viel Liebe im Herzen viel schneller gesund wird. Es geht u.a. darum, gut zu sich selbst zu sein und zu anderen. Sich selbst vergeben und auch anderen.
Der Ring zeigt an, dass man sich immer wieder nur im Kreis dreht. Sobald man diesen Kreis verlässt, geht es bergauf. Aber das ist ein langwieriger Prozess, der evtl. eine Therapie erfordert.
Das Buch bedeutet, dass es etwas in dem Fragesteller gibt, das er noch nicht an die Oberfläche geholt hat. Vielleicht weil es zu schmerzhaft ist. Aber es ist wichtig, Dinge zu bereinigen, damit man ein erfülltes Leben führen kann.
Der Brief zeigt an, dass der Genesungsprozess schnell eintritt. Manchmal kann er auch als Botschaft von jemand gedeutet werden. Diese Botschaft beinhaltet die Lösung des Problems.
Liegt die andere Personenkarte hier, dann weist sie darauf hin, dass sie bei der Gesundung mithelfen sollte.
Die Lilie weist darauf hin, dass der Genesungsprozess im Winter stattfinden wird. Eine stimmungsanregende Anwendung, wie z. B. eine Salbei- oder Weihrauchräucherung ist jetzt hilfreich.
Die Sonne als Glückskarte bedeutet, dass die Heilung im Sommer abgeschlossen sein wird.
Der Mond zeigt auf, dass die Krankheit eher psychosomatischer Natur ist, und dass die Heilung mit Gesprächen ergänzt werden sollte.
Der Schlüssel zeigt auf, dass die Krankheit auf einen Mangel von gesunder Ernährung zurückzuführen ist. Er steht auch für die Gewissheit, dass man erkrankt ist.
Die Fische geben Hinweise darauf, dass zu wenig getrunken wird. Passt man sein Trinkverhalten seinem Körper an, dann geht es schnell wieder aufwärts.
Der Anker zeigt an, dass man sich mit seiner Krankheit schon abgefunden hat. Aber es ist ja nie zu spät, etwas Gutes für sich zu tun.
Das Kreuz deutet auf eine karmische Geschichte hin. Z. B. gibt es Söhne, die bald das Alter ihres Vaters erreichen, in dem er gestorben ist. Nun gehen sie davon aus, dass sie auch in diesem Alter sterben werden. Die ganze Lebensfreude ist dahin und sie sehen auch nicht den Unterschied zu seinem Lebensstil. Hier heißt es bei jeder Erkrankung, als erstes die Lebensfreude wieder ankurbeln, weil sonst keine Genesung eintreten kann.

Tarot

Ich liebe die Tarotkarten und ich lege sie nicht nur, sondern ich verwende sie auch für Rituale und Zauber. Ich werde nicht jede Karte im Einzelnen besprechen[83], sondern einfach die Karten angeben, die ich für bestimmte Heilrituale einsetze. So kannst du auch damit arbeiten, ohne die Karten in- und auswendig zu kennen.

Als Kartendeck empfehle ich hier das Smith-Waite-Tarot[84], weil ich es bei den meisten Ritualen auch verwende. Wenn du ein anderes Deck bevorzugst, kannst du es gerne tun. Die Bedeutungen ähneln sich häufig, weil als Grundlage der meisten Tarotdecks das Smith-Waite-Tarot verwendet wird.

Ich persönlich habe ein Faible für das Vision-Quest-Tarot wegen seiner wunderschönen Bilder. Außerdem werden, z. B. bei Hofkarten, die Königin der Kelche „Mutter des Wassers" genannt und der König der Stäbe „Vater des Feuers", was z. B. bei schamanischer Arbeit etwas angebrachter ist.

Für ein Heilungsritual, also für den Rahmen einer Anwendung, nimmst du aus deinem Tarotdeck alle Königinnen und legst sie in deinem Kreis in die jeweilige Himmelsrichtung (Königin der Schwerter in den Osten, Königin der Stäbe in den Süden, Königin der Kelche in den Westen, Königin der Münzen in den Norden). Du kannst sie nun anrufen und bitten, dein Ritual zu unterstützen. Z. B.

„Königin der Schwerter, Königin des Ostens und der Winde, bitte unterstütze mein Ritual."
„Königin der Stäbe, Königin des Südens und des Feuers, bitte unterstütze mein Ritual."
„Königin der Kelche, Königin des Westens und des Wassers, bitte unterstütze mein Ritual."
„Königin der Münzen, Königin des Nordens und der Erde, bitte unterstütze mein Ritual."

Sie fungieren als Torwächterinnen der Himmelsrichtungen und geben so viel Luft, Feuer, Wasser oder Erdenergie, wie du für deine Anwendung brauchst. Wenn du magst und einen Ausgleich der Geschlechter haben möchtest, kannst

83 Bedeutungen findest du in meinem Buch „Nerthus´ Buch der Schatten".
84 Es handelt sich hier um das bekannte „Rider-Waite-Tarot", das ich lieber als „Smith-Waite-Tarot" bezeichne, um auch die wunderbare künstlerische Arbeit der Zeichnerin Pamela Colman-Smith zu ehren. Sie hat das Deck vor genau 100 Jahren (November 1909) fertiggestellt.

du ihnen auch ihren Gefährten, den jeweiligen König beilegen, am besten rechts neben sie.

Für eine Heilanwendung nutze ich in der Regel ein bis maximal fünf Karten. Entweder werden sie auf den Altar gelegt und über sie meditiert oder du verinnerlichst die Karten und sendest ihre Kräfte dem jeweiligen Patienten. Manchmal kannst du auch eine einzelne Karte nehmen und dem Patienten direkt in die Hand drücken[85], damit er selbst darüber meditieren oder sie als Kraftspender im Portmonee mit sich tragen kann.

Wenn du die Karten für eine Heilanwendung nutzen möchtest, dann hast du drei Möglichkeiten. 1. du suchst die Karten anhand eines Bestimmungsbuches aus, 2. du vertraust deiner Intuition und ziehst die Karten oder 3. du verwendest einen hier beschriebenen Zauber.

Als Anwendung kannst du die passenden Karten auf den liegenden Patienten auflegen, um ihn herum oder mit ihm gemeinsam auf die schamanische Reise zu der Karte gehen (ihr lasst euch gemeinsam auf das Bild ein, du trommelst und ihr taucht beide in das Geschehen der Karte ein). Eine weitere Möglichkeit ist, dass du für die Patientin einen Signifikator, sprich´ Personenkarte, heraussuchst, z. B. für eine 50jährige Frau, die Löwe ist, „die Königin der Stäbe“ aus dem Smith-Waite-Tarot. Für eine 20jährige Frau, die Löwe ist, würde ich aus dem Vision-Quest-Tarot „die Tochter des Feuers“ nehmen.
Wenn du diese Karte bestimmt hast, kannst du die anderen Karten um sie herumlegen. Lege sie bitte nicht auf die Personenkarte, damit sie nicht erdrückt wird.
Wenn man das Rahmenritual mit den Königinnen auslegt und als Signifikator auch noch eine Königin nimmt, braucht man zwei gleiche Decks. Ich verwende innerhalb eines Rituals nicht zwei verschiedene Tarotdecks, weil doch jedes seine eigene Energie hat. Für die Himmelsrichtungen habe ich die Smith-Waite-Tarotkarten in Postkartengröße und für die Heilzauber zusätzlich in der mittleren Größe.

Bei einigen Zaubern verwende ich Spielkartenhalter aus Holz. Sie sind eigentlich zum Kartenspielen gedacht, wenn man nicht in der Lage ist, Karten selbst in der Hand zu halten, z. B. Kinder, die noch zu kleine Hände haben. Meine Spielkartenhalter sind 35 cm lang und haben eine leichte Biegung, sodass die Karten auch in dem Halter stehen bleiben.

---

[85] Oder er oder sie sollte sich ein Deck kaufen und dann die erwählte Karte nehmen. Wenn man Glück hat, kann man schon für einen Euro ein Kartendeck bei einem bekannten Internetaktionsanbieter erhalten.

Unterstützung für eine Heilsession

Dazu verwende ich die Karten der Magier, die Hohepriesterin und die Königin der Münzen.

Die Hohepriesterin hilft bei den Vorbereitungen des Zaubers, weil sie die Geheimnisse kennt. Der Magier unterstützt den Zauber, in dem er ihn losschickt und die Königin der Münzen steht für den Erfolg des Heilungsprozesses.

Und hier ist einmal das gleiche Kartenblatt mit den Karten des Vision Quest Tarots zu sehen:

Wohlfühlritual

Um sich mal etwas Gutes zu tun, kannst du folgende Karten für ein kleines Ritual verwenden:
10 der Kelche, 9 der Münzen und 4 der Stäbe.
Die 10 der Kelche steht für Glück und Zufriedenheit in zwischenmenschlichen Beziehungen, die 9 der Münzen steht für materielle Sicherheit und die 4 der Stäbe für den Genuss in der Natur.
Eigentlich sollte man das Gute im Leben öfter ehren und feiern, damit es uns auch erhalten bleibt.

Heilritual für eine schnelle Genesung

Hier verwende ich die Karten: die Kraft, die Sonne und die Welt.
Die Kraft steht für Energie, Sonne für Heilung und die Welt für die Erde und für Ganzheit.
Alle drei Karten unterstützen sich wunderbar und können auf dem Altar platziert werden. Wenn du eine Personenkarte bestimmt hast, legst du die drei

Karten über sie, und zwar links die Kraft, über der Personenkarte die Welt und rechts daneben die Sonne.

Als Zauberspruch kannst du sagen:
„Kraft, Erde und Sonne,
bringt mir Segen, bringt mir Wonne.
So soll es sein."

Oder:
„Ich rufe die heilende Energie der Kraft,
ich rufe die heilende Energie der Sonne,
ich rufe die heilende Energie der Erde,
kommt herbei und unterstützt mich bei
meinem Genesungsprozess.
Schenkt mir die Kraft für Veränderungen, damit ich wieder ganz und heil werden kann.
So soll es sein."

Für Liebhaberinnen des Vision Quest Tarot schaut es dann so aus:

Bei Energieverlust bzw. Harmonisierung

Da bevorzuge ich die Karten der Wagen, die Mäßigkeit, die Sterne, die Sonne, die Welt.
Ich lege diese Karten um die Personenkarte herum, und zwar in folgender Reihenfolge:
Über der Karte kommen die Sterne, rechts oben die Mäßigkeit, rechts unten die Sonne, links unten die Welt und links oben der Wagen.
Dabei stehen die Sterne für den Geist und für den Kontakt zum höheren Selbst, die Mäßigkeit für das Wasser und den Ausgleich, die Sonne für Feuer und Energie, die Welt für die Erde und Erdung und der Wagen für die Luft und Aufbruch.

Als Spruch kannst du sagen:
„Sterne in der Nacht, schützt meine Verbindung zur Einheit,
Mäßigkeit, zu allen Teilen verschaffe mir Harmonie und Gleichmäßigkeit,
Sonne, setze meine Energien frei, wie in einem Sturm,
Erde, gib´ mir magische Kräfte und hilf´ mir, bei dir zu bleiben,
Wagen, zeige mir den Weg, der für mich bestimmt ist."

Blockadenlösung

Ziehe die Karten: Der Narr, der Wagen, der Turm, das As der Kelche.
Der Narr steht für Humor und herzliches Lachen, der Wagen für Bewegung, der Turm für das Loslassen alter Geschichten und das As der Kelche lässt alles wieder fließen.

„Lachen bringt Bewegung, alles löst sich und alles kann wieder fließen."

Für eine Schwangerschaft (oder das Gelingen eines kreativen Projektes)

An Karten brauchst du hier: die Herrscherin, die Königin der Münzen und die drei der Kelche.
Die Herrscherin steht für die Schwangerschaft, die drei Kelche für die Freude und weibliche Mysterien und die Königin der Münzen gibt ihre heilenden Kräfte dazu und sorgt dafür, dass alles so kommt, wie du es dir wünschst.

Gegen Herzschmerzen bzw. Liebeskummer

Ziehe die Karte „Drei der Schwerter". Sie steht für Liebeskummer, der uns alle mal ereilen kann oder auch für Herzprobleme.

Schau´ dir die Karte an und nimm´ auch deinen Schmerz an. Er ist vollkommen in Ordnung. Nun legst du die Karte weg und siehst die Karte nur noch vor deinen Augen. Stelle dir nun vor, wie nacheinander ein Schwert nach dem anderen sich aus diesem, deinem Herz entfernt. Wenn die Schwerter fort sind, dann fühle die Erleichterung und sende deinem Herzen liebende Energien.

In dem Energiesystem „Ama Deus Shaman" gibt es die schöne Übung „Sich selbst heilen". Dort wird beschrieben, wie man das eigene Herz und somit alle Arten von Emotionen heilt.

Ich habe allerdings auch die Erfahrung gemacht, dass man mit dieser Übung auch eigene Herzprobleme behandeln kann (natürlich nur als Unterstützung einer ärztlichen Behandlung). Da diese Übung etwas verändert auch ohne das Symbol funktioniert, beschreibe ich sie, wie ich sie an Menschen weitergebe, die kein „Ama Deus Shaman" sind. Diese Übung sollte man nur für sich selbst machen und nicht für jemand anders.

Halte deine Hände wie eine Schale vor deinen Solarplexus. Visualisiere, wie sich dein Herz in deine Hände legt. Betrachte es in seiner vollkommenden Schönheit, sieh, wie es schlägt und vor Leben strotzt. Sende nun ganz viel Liebe und liebevolle Gedanken zu deinem Herzen. Mache das solange, wie du möchtest. Wenn du fertig bist, liebkose es zärtlich, bevor du es wieder zurück in deinen Körper gibst. Wenn du das nächste Mal an der See bist, dann suche am Strand nach einer Herzmuschel, die du jedes Mal an dein Herz legen kannst, wenn es der Heilung bedarf. Oder verwende für diesen Zweck einfach die Lenormand-Karte 24 „Herz", die du zuvor im Mondlicht aufgeladen hast.

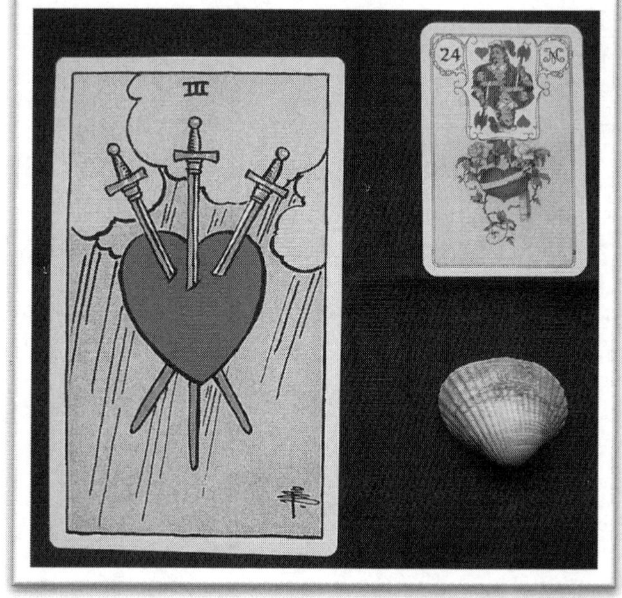

Für die Visionssuche

Dazu brauchst du die Karten: der Eremit, der Gehängte und das Rad des Schicksals.

Der Eremit zeigt den Gang in die Einsamkeit an, fernab von Lärm und Ablenkungen. Das Rad des Schicksals unterstützt den Eremiten, um zu zeigen, dass alles seinen Sinn und seinen Platz im Leben hat. Der Gehängte trägt das Licht des Eremiten um seinen Kopf, um die Vision, die nur für dich bestimmt ist, anzuzeigen.

Um Laster, Süchte und andere schlechte Angewohnheiten loszuwerden

Hier verwende ich die „anstrengendsten" Karten des Tarot, aber um z. B. eine Sucht zu bekämpfen, muss man ja auch alles auffahren, um sich davon zu befreien: der Teufel, der Turm, der Tod und das Gericht.

Der Teufel will dich anschubsen und dir deine Sucht bewusst machen. Der Turm bröselt alles auf und reißt alte Muster ein. Gleichzeitig schickt er den Erkenntnisblitz, damit du nicht nachlässt. Der Tod hilft dir, alles Alte abzustreifen und zu transformieren und das Gericht zeigt den letzten Schritt an: die Heilung.

Pentagramm-Magie

Das Pentagramm ist ein Schutzsymbol der Hexen und fördert die Heilung auf vielen Ebenen.
Wenn du z. B. eine Heilung durchführst, kannst du es als blaues Symbol visualisieren und es auf die erkrankte Stelle „legen", damit nicht noch mehr unerwünschte Energien nachfolgen. Du versiegelst die Stelle, und das Pentagramm kann als Schutzsymbol seine heilerische Tätigkeit aufnehmen.

Das Pentagramm dient auch, wenn man in andere Welten reist, als Toröffner und auch als Torwächter. Es verhindert, dass man mit unerwünschten Wesen wieder zurück kommt.

Das Pentagramm ist in sich ein perfektes und harmonisches Symbol, dass in uns wirkt, in dem es die Elemente ausgleicht und diese mit unserem Geist verbindet. Ein bannendes Pentagramm kann angewendet werden, um sich z. B. bei Grippewellen vor den Viren[86] zu schützen.

Für eine Harmonisierung oder Heilanwendung brauchst du fünf Quarzsteine. Manchmal lassen sich solche Steine an einer ehemaligen Zechenhalde finden. Sie sind nicht immer ganz reine Quarze, aber sie sind wunderschön und kraftvoll. Bevor du sie in Heilritualen verwendest, solltest du sie über einer Räucherung reinigen und weihen. Erst dann können sie die Heilarbeit aufnehmen. Zum Aufladen kannst du sie eine Nacht lang ins Licht des Vollmondes legen. Nach jedem Heilritual sollten die Steine über einer Räucherung gereinigt und wieder aufgeladen werden.

Du entwirfst einen Kreis auf dem Boden, in dem du bequem Platz hast. Die Grenze des Kreises kannst du mit einer Kordel auslegen (oder wenn möglich mit Salz oder Kreide zeichnen).
Dann legst du die Steine wie folgt aus: am Kopf (Geist), an der rechten Schulter (Wasser), am rechten Fuß (Feuer), am linken Fuß (Erde) und an der linken Schulter (Luft).

Dann legst du dich hin und aktivierst das Pentagramm, in dem du oben am Kopf anfängst und zum linken Fuß, dann zur rechten Schulter und zur linken Schulter, dann zum rechten Fuß und wieder zum Kopf zurück.
Das ist das öffnende Pentagramm der Erdmagie. Da wir mit Steinen arbeiten, habe ich diese Variante gewählt. Nun aktivierst du noch im Uhrzeigersinn die

86 Jeder Zauber kann nur dann funktionieren, wenn er auch auf der materiellen Ebene unterstützt wird, in diesem Fall mit einer vitaminhaltigen Ernährung und häufigem Händewaschen.

Steine, vom Kopf anfangen. Jetzt stellst du dir vor, wie die Steine Verbindung zu einander aufnehmen und anfangen zu strahlen. Sie bilden nicht nur ein Pentagramm, sondern verbinden sich auch zu einem Fünfeck.
Sie geben nun ihre Kräfte ab und du kannst sie aufnehmen. Bitte die Steine und deine Göttin um mehr Harmonie in dir und/oder mehr Energie, um z. B. bestimmte Situationen besser durchstehen zu können.
Das ist eine sehr energiegeladene Anwendung, die sehr gut bei Blockaden oder Energieverlust hilft. In der Regel dauert so eine Anwendung ca. 10 – 20 Minuten und du kannst dabei gerne etwas meditative Musik hören.

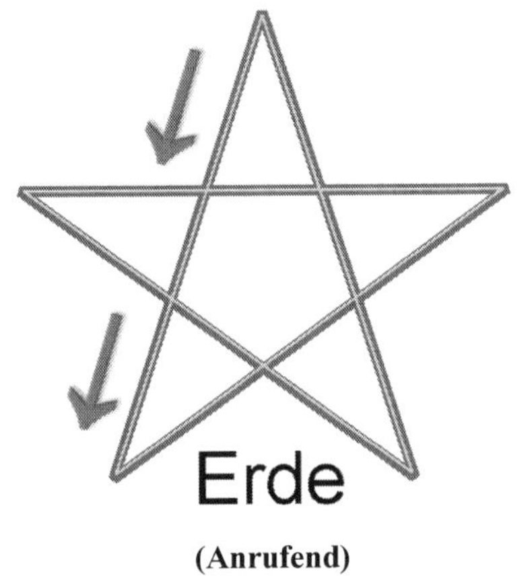

(Anrufend)

Wenn du fertig bist, solltest du erst das Fünfeck gegen den Uhrzeigersinn, beginnend am Kopf, öffnen. Dann schließt du das Pentagramm, in dem du den Strahl der Steine vom linken Fuß zum Kopf auflöst, dann zum rechten Fuß, von da zur linken Schulter, gerade herüber zur rechten Schulter und von dort zum linken Fuß zurück.

Bedanke dich bei deinen Steinen und visualisiere, wie sie aufhören zu strahlen. Reinige sie und lade sie beim nächsten Vollmond wieder auf.

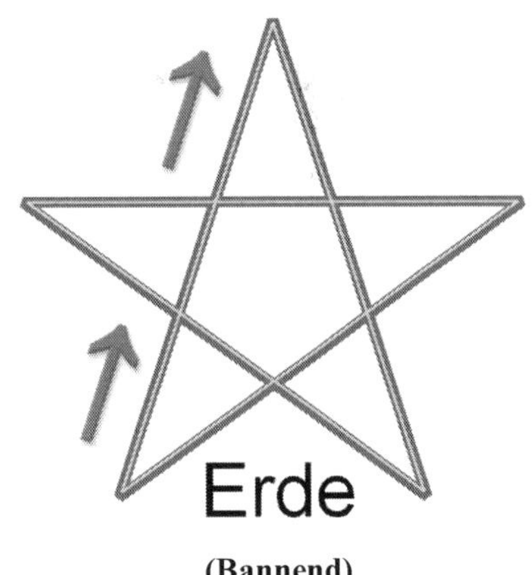

(Bannend)

Puppenmagie

Puppenmagie ist eine Form der Sympathiemagie, da ich anstelle meines Patienten eine Puppe verwende.
Puppen, die ich für andere Menschen verwende, werden nach dem Zauber, wenn er gewirkt hat, vergraben. Meine eigenen Puppen hebe ich ca. ein Jahr auf und verwende sie auch mehrmals. Bei Bedarf nähe ich dann eine neue.
Wenn man eine Puppe mehrmals verwendet, dann muss sie nach jedem Ritual im Salbeirauch oder Weihrauch gereinigt werden.

Für Heilrituale verwendet man in der Regel Puppen in den Farben grün oder weiß.
Zuerst stellst du dir eine Puppe aus Baumwollstoff her (bitte für die Füllung Baumwollreste verwenden). Du kannst auch eine Figur aus Pappe ausschneiden oder eine Ingwerwurzel oder Möhre verwenden.

Puppe als Träger der Krankheit

Wenn du die Puppe fertiggestellt hast, legst du sie auf deinen Altar. Visualisiere die Beschwerden in dir oder deinem Patienten. Stelle sie dir als schwarze Flecken oder Punkte vor. Schicke nun heilende Energien oder Reiki in die Puppe, bis du bei dir selbst oder deinem Patienten keine schwarzen Punkte mehr feststellen kannst.

Nimm´ nun die Puppe und lege sie in einen Beutel, damit sie ihre Energien nicht frühzeitig wieder abgeben kann. Vergrabe sie schnellstens an einer Stelle, an der Pflanzen stehen. Bitte darum, dass die Pflanzen und die Erde die Krankheit aufnimmt und transformiert.

Blockaden lösen

Nimm´ eine Puppe, in die du Nadeln stechen kannst. Ansonsten benötigst du noch Nadeln mit grünen Köpfen oder grünen Federn (wenn du Voodoonadeln bevorzugst). Es gibt auch bunte Blutzuckerlanzetten[87], die man nehmen kann.
Stelle dir vor, dass diese Puppe du oder dein Patient ist. Setze nun ganz vorsichtig wie ein Heilpraktiker bei der Akupunktur deine Nadeln in die Puppe (also nicht ganz hineinstecken, sondern nur die Spitze), an denen du die Blockaden vermutest. Lasse nun die Nadeln etwas wirken, bevor du sie wieder entfernst.

[87] Da mein Kater Tom Diabetiker ist, bin ich mit solchen Sachen immer bestens ausgerüstet.

Fernheilung und Ferneinweihung

Hierfür benötigst du eine Puppe, ein Foto des Ratsuchenden, sein Geburtsdatum (das Tierkreiszeichen).
Nimm´ die Puppe und befestige das Foto an ihr und male mit einem Stift das Tierkreiszeichen der Person auf den Solarplexus.

Nun legst du die Puppe auf deinen Altar und berührst die Figur. Sie ist nun dein Ratsuchender und du beginnst dein Heilritual oder die Einweihung.

Krankheitserreger herausziehen

Hierfür brauchst du eine Puppe und eine Injektionsnadel (Kanüle). Die Injektionsnadel hat eine Öffnung, aus der dann alle Krankheitserreger entweichen können.

Du bereitest das Ritual und die Puppe vor. Wenn du soweit bist, stichst du die Nadel in die Puppe und bittest darum, dass die Krankheit den Körper verlässt und sie beim Austreten sofort transformiert wird.

Heilbeutelchen

Kleine Beutelchen kann man überall mit hinnehmen, in die Tasche stecken und bei Bedarf etwas kneten, damit die duftenden Kräuter ihre Wirkkraft entfalten können. Wenn du keine Baumwollbeutel hast, kannst du auch ein Baumwolltaschentuch nehmen, die Kräuter auflegen, die Ecken hochnehmen und mit einem Baumwollband zusammenbinden.
In Anhang findest du die Zuordnungen für Farben und Kräuter. Wenn du Kräuter verwendest, dann achte bitte darauf, dass sie vollkommen getrocknet sind. Die Menge, die du verwendest, hängt von der Vielzahl der Zutaten und der Größe des Beutels ab.
Ansonsten kannst du auch auf Papier oder flache Rheinkiesel gemalte Runen oder Sigillen hinzufügen.
Du kannst selbst alles miteinander verbinden, oder du kannst auch gerne meine Rezepte ausprobieren:

Für mehr Energie: Einen roten Beutel, die Rune Uruz, Cayenne Pfeffer (eine rote Chili-Schote) und/oder Löwenzahn.

Um schwanger zu werden: Einen roten Beutel, die Rune Fehu und Berkano, Waldmeister und/oder Salbei.

Für Heilung: Einen grünen Beutel, die Rune Hagalaz und je nach Beschwerden bitte ein Kraut aus der Liste im Anhang heraussuchen.

Gruppenrituale

Ich beschreibe hier zwei Gruppenrituale. Eines ist von einer Heilerin für eine ganze Gruppe gedacht und das andere ist eines für einen Patienten, das von einer Gruppe von Heilern ausgeführt wird.

Gruppenritual I

Dieses Ritual dient u.a. der Stärkung und Heilung einer Gruppe oder einer Lebensgemeinschaft. Da wir wissen, dass die Menschheit nur als Gruppe überleben kann, ist es wichtig, in manchen Situationen wieder Harmonie und Freude in die Gruppe zu bringen. Das kann eine Familie sein, eine Wohngemeinschaft, eine Kommune, eine Gruppe von Kollegen einer Firma, ein Hexencoven oder ähnliches.

Einen anderen Grund ein Gruppenritual durchzuführen, könnte sein, dass sich viele Menschen, auch welche, die sich gar nicht kennen, in einer Gruppe dafür zusammenfinden wollen, um auf der einen Seite Heilung für sich selbst zu erfahren und die eigene Energie mit anderen Menschen zu teilen.

In beiden Fällen ist die Anleitung die gleiche und es obliegt der Heilerin spontan auf gewisse Begebenheiten einzugehen.

Gruppenrituale dieser Art sind sehr kraftvoll, weil sich alle dabei unter der Anleitung einer Heilerin energetisch unterstützen.

Die Menschen bilden einen Kreis, möglichst mit Sitzgelegenheit, denn manche Dinge brauchen ihre Zeit und viele Menschen können vielleicht auch nicht lange stehen oder auf dem Boden sitzen.

In der Mitte brennt ein Feuer (das ist natürlich nur in einem geschützten Garten möglich), für das jemand abgestellt wird, damit es während der Sitzung nicht ausgeht.

Ansonsten stellt man in die Mitte eine brennende Kerze, die natürlich auch nicht erlöschen sollte.

Du kannst dich nun vorstellen, kurz sagen, was du machen wirst, und dass nun alle zur Ruhe kommen sollten (mit einer Atemübung oder einem Gebet).

Du rufst die Geister des Ortes und bittest um Erlaubnis, jetzt an dieser Stelle ein Ritual abhalten zu dürfen. Dann gehst du mit der Räucherung den Kreis ab und reinigst jeden Teilnehmer, in dem du ihm den Rauch zufächerst. Dabei kannst du die Worte sprechen: *„Sei gesegnet."*

Als nächstes rufst du die Himmelsrichtungen an und evtl. die Göttin in dich herab. Danach fängst du an zu trommeln, zu rasseln und/oder zu tanzen, ganz nach Gefühl.

Jetzt gibt es mehrere Möglichkeiten, das Ritual weiterzumachen:

1. Du machst mit den Menschen eine Visualisierung (z. B. *„Stellt euch vor, ihr sitzt alle zusammen um ein Feuer in einer großen Höhle. Ihr fühlt euch geborgen im Schoße von Mutter Erde. Die Farben von Erde, Orange und Sand beruhigen euch und bringen euch Schutz, Angenommensein und Vertrauen. Jeder von euch ist mit dem anderen verbunden, so wie ihr mit Mutter Erde und den Tieren und Pflanzen verbunden seid. Ihr spürt die große Einheit, der ihr schon seit Jahrtausenden angehört. Jeder von euch ist ein Teil des großen Ganzen und hat seine ganz besondere Aufgabe hier. Ihr spürt, dass ihr zu Hause angekommen seid. Jetzt hört wieder auf die Trommel, denn sie ist der Herzschlag der Erde, in deren Bauch ihr gerade seid. Lasst euch von dem Herzschlag treiben, lasst eure Gedanken los und öffnet eure Herzen.“*) Nun lässt du den Menschen ein wenig Zeit, sich dem Trommelklang hinzugeben. Irgendwann weckst du sie mit 3 x 7 lauten Trommelschlägen.
2. Du tanzt und trommelst, und wenn du genug Energie aufgenommen hast, gehst du von Teilnehmer zu Teilnehmer und nimmst ihre Hände in deine. Dabei überträgst du heilende Energien. Dazu kannst du sagen: *„Sei geheilt.“*
3. Du scannst die Menschen und findest heraus, wer eine Extra-Anwendung benötigt (du kannst aber auch einfach nachfragen, wer eine Anwendung haben möchte). Du singst und/oder trommelst für die Person.

Vielleicht fallen dir auch noch ganz andere Möglichkeiten ein. Häufig ergeben sich auch ganz spontane Ideen direkt vor Ort. Ich kann das häufig auch nie so richtig voraussagen, wie ich ein Ritual gestalte. Am besten ist es, die Ritualgrundstruktur beizubehalten und dann individuell auf die Gruppe oder einzelne Menschen einzugehen.

Wie jedes Ritual sollte auch dieses zu Ende geführt werden, indem du dich bei der Göttin bedankst, bei den Himmelsrichtungen, dem Geist des Ortes und natürlich bei den Teilnehmern. Dabei kündigst du das gemeinsame Essen an. Wenn du möchtest, kannst du vor dem Ritual für jeden Teilnehmer eine Karte mit einem weisen Spruch[88] schreiben. Diese dürfen die Teilnehmer dann zur Beendigung des Rituals ziehen und mit nach Hause nehmen.

Allgemeine Gruppenritualvorbereitung für ein Heiltreffen:

[88] Wenn dir so nichts einfällt, stimme dich entweder vor dem Termin auf die Teilnehmer ein (es hat ja meistens einen Grund, weshalb sie an so einem Heiltreffen teilnehmen) und versuche zu erfühlen, was wichtig für sie ist. Ansonsten ist auch ein Tarotdeutungsbuch eine große Hilfe.

Es ist ein Unterschied, ob ich ein Ritual für mich oder andere Menschen durchführe, die keine oder nur wenig Ahnung davon haben.
Ein wichtiger Aspekt wäre, dass ein Ritual einfach und für jeden Menschen nachvollziehbar ausgeführt wird. Wer mit seinen Geistern in Kontakt steht, wird mit der Zeit auf einige Dinge verzichten. Dabei geht es nicht um eine Abkürzung des Rituals, sondern darum, dass du als Heilerin oder Hexe bereits weißt, wie du am besten in Kontakt mit dem Göttlichen trittst. Deine allerersten Rituale waren dafür da, um zu lernen. Jetzt machst du alles so, wie du es für richtig hältst.

Ich gehe jetzt von einem Ritual aus, das jemand anders organisiert und dich als Heilerin, Hexe oder Priesterin dazu einlädt.

Bevor ein Heilritual durchgeführt wird, muss der äußere Rahmen mit dem Gastgeber besprochen werden. Dazu gehört, welche Aufgaben du übernimmst und welche der Gastgeber. Das Geschenk für dich sollte ebenso Thema sein wie die Bestimmung des Ortes, der Zeit und auch das Festessen.
Da in der Regel von der Heilerin kein Honorar gefordert wird, kannst du dir gerne etwas schenken lassen. Wenn z. B. für ein Handfasting (Segnung einer Liebesbeziehung, ähnlich eines Eheversprechens) ein bestimmtes Gewand erwartet wird, stellen dies die Gastgeber.

Für die Bewirtung der Gäste, der Gottheiten und der Geister sorgt der Gastgeber. Du kannst in einem Vorgespräch Vorschläge machen, was man zu einem bestimmten Fest auf den Tisch bringt oder ob der Gastgeber seine Teilnehmer dazu auffordert, eigenes Essen mitzubringen.
Zusätzlich beschafft der Gastgeber auf deine Anweisungen Kerzen, Wasser, Saft und Altarschmuck (Blumen etc.).

Die Heilerin oder Hexe bringt ihre Ritualgegenstände mit, evtl. Steine für einen großen Kreis, Räucherwaren (keine Hexe wird es sich nehmen lassen, mit ihren Lieblingskräutern oder Weihrauch zu räuchern), einen Kelch, ihr Weihrauchfass, Räucherfeder oder Federfächer, Feuerzeug oder Streichhölzer. Deine Trommel, Rassel nicht zu vergessen.

Für Aufgaben, um z. B. dafür zu sorgen, dass deiner Trommel etc. nichts passiert, die Kerzen nicht erlöschen und die Räucherung in einem durchbrennt, nimmst du am besten eine vertraute Person mit, die sich damit auskennt. Sollte das nicht der Fall sein, kannst du das mit dem Gastgeber absprechen, ob jemand diese Aufgaben übernehmen kann.

Gruppenritual II

Wenn du in einer Hexengruppe bist und ihr gemeinsam Rituale macht, dann ist dieses Heilritual eine Inspiration für euch. Sandra Ingerman schreibt in ihren Transformationsnews Mai 2009, dass man gemeinsam viel mehr erreichen kann, als einer alleine.
Für dieses Ritual ist es hilfreich, wenn ihr wenigstens vier Personen seid, damit jede von euch eine Himmelsrichtung anrufen kann.
Wenn ihr eine demokratisch geführte Gemeinschaft[89] seid, werdet ihr die Aufgaben unter euch je nach Fähigkeiten aufteilen. Eine besorgt die Räucherung, eine andere Ritualgegenstände, eine Wasser und etwas zu essen. Eine trommelt und alle singen.

Wenn ihr einen Patienten behandeln möchtet, dann könnt ihr ihn in euren Kreis führen. Dort kann er sich hinlegen oder hinsetzen und einfach die Augen zu machen.

Ob ihr einen magischen Kreis zieht, bleibt euch überlassen. Es gibt Situationen, in denen man vielleicht auf Kreis, Ritualgegenstände, laut gesprochene Anrufungen und Räucherung verzichtet, um nicht andere Menschen in Angst und Schrecken zu versetzen. Das wäre z. B. eine Anwendung, die ihr einem Menschen in einem Krankenhaus oder Altenheim zukommen lasst. Je nach Möglichkeiten müsst ihr selbst entscheiden und der Patient (sofern er dazu in der Lage ist) natürlich, wie ihr so ein Ritual durchführt.

Ich beschreibe nun ein Ritual, dass ihr bei euch oder dem Patienten zu Hause durchführt:

Ihr stellt euch dann ihm Kreis um ihn herum. Die Frauen, die die Himmelsrichtungen anrufen werden, stehen erst mal mit dem Rücken zum Kreisinneren. Sobald die Anrufung ausgesprochen wurde, dreht sich die Frau um.

Wenn alle Frauen ins Kreisinnere schauen, nimmt eine die Räucherschale und reinigt alle Anwesenden sowie den Kreis.
Dann nehmt ihr euch bei den Händen und baut ein Energiefeld auf, in dem ihr z. B. den Namen einer Heilgöttin chantet. Fühlt wie sich die Energie aufbaut

---

[89] Es gibt verschiedene Formen der Hexen-Coven, angefangen von einem hierarchisch geführten Coven, in dem es eine Wicca-Hohepriesterin (und einen Hohepriester), die die Aufgabe hat, alles zu bestimmen. Dann gibt es Hexengruppen mit einer Oberhexe, die nachfragt, wer was machen möchte. Meine Lieblingsform der Hexengemeinschaft ist der demokratische Coven, in dem es keine Oberhexe gibt, sondern jede Hexe ihre Fähigkeiten je nach Wissenstand mit einbringt. Bei dieser Form wird auch erwartet, dass sich jede Frau engagiert und nicht darauf wartet, bis ihr eine Aufgabe zugeteilt wird.

und dann führt ihr sie aus der rechten Hand in die linke Hand eurer Nachbarin. D. h. die Energie soll durch euch im Uhrzeigersinn hindurch fließen. Wenn ihr spürt, dass ihr genug Energie aufgebaut habt, dann lasst ihr euch los und fächert die Energie mit den Händen zum Patienten hin oder fasst ihn an und übertragt so die Energie. Füllt ihn mit liebender und heilender Energie, damit er wieder genesen kann. Danach segnet jede von euch den Patienten mit z. B. „werde heil und sei gesegnet".

Zum Abschluss werden die Himmelsrichtungen verabschiedet, ein Dankschön-Opfer gebracht und alle können etwas trinken und essen.

Fernheilung

Das Ritual kann auch zur Fernheilung eingesetzt werden, in dem anstelle des Patienten z. B. eine Puppe (siehe Puppenmagie) in dem Kreis liegt oder ein Foto oder ein persönlicher Gegenstand von ihm.

Dieses Gruppenritual kann zur Heilung eines Einzelnen eingesetzt werden, oder sogar einer ganzen Gruppe, für Mutter Erde oder auch für ganz andere Zauber. Auch andere Anliegen könnte man als Gruppe magisch-energetisch unterstützen, z. B. um unsere Politiker dazu zu bringen, mehr für die Umwelt und die Menschen zu tun, oder wenn ihr euch für den Tierschutz einsetzt, um bestimmte Personen in ihren Tätigkeiten zu bestärken.

Reiki

Reiki 1. Grad

Mit der Einweihung in den 1. Grad werden die Energiekanäle geöffnet und erweitert. Wenn man die Reiki-Kraft herbeiruft, fließt sie durch den Körper und wird dann mittels Handauflegen weitergegeben.

Wie ich schon in meinem Buch „Shapeshifting" erwähnte, gibt es Naturtalente, die so eine Einweihung nicht mehr benötigen. Wenn man allerdings in die anderen Grade auch noch eingeweiht werden möchte, um mit den Reiki-Symbolen arbeiten zu können, muss man in den 1. Grad eingeweiht sein.

Mit Naturtalenten meine ich Menschen, bei denen die Lebensenergie einfach so durchfließen kann. Das kann man auch mit tiefen Meditationen und anderen spirituellen Übungen (z. B. die berühmte Baumvisualisierung oder Energieübungen mit Tanzen etc.) erreichen, was dann aber auch wesentlich mehr Zeit in Anspruch nimmt als die Einweihung.

Es führen also mehrere Wege zu dem, was ich erreichen möchte und ich kann sagen, dass jeder Weg für sich sehr intensiv ist, aber wenn man alle hier beschriebenen erfahren hat, geht es später einmal schneller in der Anwendung und ist wesentlich intensiver. Das setzt allerdings voraus, dass man Reiki auch oft anwenden muss, um „fit" zu bleiben. Natürlich bleibt man nach einer Einweihung das ganze Leben mit der Reiki-Kraft verbunden, aber wenn man es lange nicht praktiziert hat, wird man sich anfangs wie ein Motor fühlen, der einige Zeit nicht gelaufen ist.

Reiki kann man zu fast jeder Gelegenheit fließen lassen: zum Handauflegen bei Mensch und Tier, beim Zahnarzt, beim kreativen Schaffen, um sich selbst zu reinigen, für Eigenbehandlungen (die ich sehr empfehlen kann) und für vieles mehr.

Eigenbehandlungen sind nach jeder Einweihung sinnvoll, um die Kräfte spüren zu können und einschätzen zu lernen, und um sich selbst zu reinigen. Ansonsten sind sie entspannend, wenn man schlecht einschlafen kann, weil sie auch die Gedanken beruhigen.

Eine Eigenbehandlung läuft im Prinzip genauso wie eine Fremdanwendung ab. Man sorgt erst mal dafür, dass man nicht gestört wird und legt sich dann bequem hin[90]. Man legt die Hände ab dem 1. Energiefeld nebeneinander auf, lässt sie dort ca. 5 Minuten liegen und wandert so mit den Händen in kleinen

[90] Natürlich kann man auch sitzenden Personen Reiki geben.

Schritten bis zum Hals. Dann legt man die Hände auf die Ohren, nach ca. 5 Minuten auf den Hinterkopf und nach weiteren 5 Minuten auf den Kopf. Ich habe mir für solche Eigenbehandlungen eine CD mit ruhigen Liedern zusammengestellt, die jeweils ungefähr 5 Minuten laufen, sodass ich nicht auf eine Uhr achten muss.

Wenn man eine Fremdanwendung macht, dann ist es gut, wenn man den Patienten vorher fragt, ob man die Hände direkt auflegen kann oder in einer kleinen Entfernung von ca. 5 - 10 cm. Oder man legt an unverfänglichen Körperregionen die Hände auf und bei den anderen lässt man die Hände etwas über den Stellen „schweben".

Um den Reiki-Kanal zu aktivieren, atme ich drei Mal tief in den Bauch ein, stelle mir vor, wie kleine Energiekügelchen in meinen Körper fließen und atme visuell gesehen durch die Arme aus den Handinnenflächen wieder aus. Dabei sage ich: *„Liebe Göttin, bitte öffne meinen Reiki-Kanal. So soll es sein."*

Wenn ich andere Menschen oder Tiere behandle, dann behalte ich diese tiefe Atmung bei und die Vorstellung, wie die Reiki-Energie mit dem Atem meine Handinnenflächen wieder verlässt. Dann bleiben meine Hände auch während der ganzen Behandlung sehr warm. Wenn ich mir selbst eine Anwendung gebe, dann atme ich ganz natürlich weiter und konzentriere mich nicht auf den Atem.

Handauflegen ist eine sehr alte Kunst und man kann beobachten, wie man das automatisch bei sich selbst gemacht hat, wenn man gestürzt oder umgeknickt ist. Dann legt man sich eine Hand auf eine schmerzende Stelle und massiert sie vielleicht sogar. Wenn man jetzt noch Reiki fließen lässt, kann die Verletzung umso schneller abheilen.

Reiki und leichte Massagen gebe ich z. B. meinem Kater Tom, wenn er Verdauungsprobleme hat oder wenn mich der Eisprung piesackt. Dabei führe ich drei Finger (Zeige-, Mittel- und Ringfinger) in kreisenden Bewegungen (im Uhrzeigersinn) an die schmerzende Stelle und lasse dabei Reiki aus den Fingern fließen. Ich stelle mir dabei vor, wie die Reiki-Energie durch meine Knochen fließt.

Wenn ich den Reiki-Kanal wieder schließen möchte, klatsche ich dreimal in die Hände und bedanke mich bei meiner Göttin.

Reiki hilft bei vielen Beschwerden und sollte mit dem Trinken von Wasser sehr unterstützt werden. Z. B. wenn jemand Kopfschmerzen hat, trinkt er

ungefähr einen halben Liter Wasser ohne Kohlensäure und gibt sich Reiki an den Schläfen. Vielleicht massiert er das Reiki dann auch ein.
Reiki löst Schlacken und unerwünschte Energien im Körper, die sich am besten mit Wasser herausspülen lassen.

Wie bei vielen Naturheilverfahren kann es auch bei Reiki[91] zu einer Erstverschlimmerung kommen. Wenn man z. B. zu Pickeln tendiert, können diese erst mal verstärkt auftreten, bevor sie dann weggehen. Aber wenn sich der Körper erst mal gereinigt hat, kann man die Heilkraft des Reiki richtig genießen.

Reiki 2. Grad

Beim 2. Grad wird man in drei Symbole eingeweiht, die verschiedene Anwendungsmöglichkeiten haben.
Die Bezeichnungen verwende ich gemeinsam mit den Zeichen, d. h., wenn ich z. B. Cho Ku Rei einsetze, dann sage ich es drei Mal und zeichne es entweder in die Luft oder in meine Handfläche, bevor ich sie auflege, visualisiere es vor dem 3. Auge oder zeichne es auf die körperliche Stelle, die der Heilung bedarf und hauche es kurz an, bevor ich meine Hand auflege.

Mit dem 2. Grad beginnt der Kontakt zu anderen Welten und Realitäten und der Reiki-Anwender kann nun seinen Körper verlassen, um Informationen zu erhalten, die er für Heilanwendungen benötigt. Dazu bekommt er einen oder mehrere Reiki-Führer an die Seite gestellt. Das ist genau wie beim Schamanismus, bei denen man auch zumeist mehrere geistige Helfer hat. Nach meinen Erfahrungen gibt es auch keinen Unterschied zwischen ihnen, ihre Aufgabenstellung ist gleich: uns zu unterstützen, in dem was wir tun, denn ohne sie könnten wir es erst gar nicht tun.
Als Anwenderin fängt man an Veränderungen an sich vorzunehmen, weil man Einsichten bekommen hat, die einem helfen, sich zu entwickeln. Alles, was nicht mehr ins alltägliche und spirituelle Leben passt oder einem auf dem Weg behindert, wird beendet.
Das kann unter Umständen ein schwieriger und anstrengender Prozess sein. Und es gibt ab sofort kein Zurück mehr. Dieser Prozess verläuft bei den Schamanen ähnlich: erst heilt man sich und dann erst andere Wesen.

---

91 Empfehlenswerte Reikibücher, wenn du dich mehr mit der Materie beschäftigen möchtest:
1. Jikiden Reiki von Yamaguchi.
2. Die Reiki Techniken des Dr. Hayashi von Petter, Yamaguchi und Hayashi.
3. Die Heilkunst des Reiki von Mary McFadyen.

Das erste Symbol heißt Cho Ku Rei und sieht wie eine Spirale aus. In welche Richtung die Spirale gezeichnet wird, spielt keine Rolle. Wenn man das Symbol doppelt verwendet – also zwei Mal gezeichnet und in zwei verschiedenen Richtungen, dann hat es auch die doppelte Kraft.
Cho Ku Rei verstärkt den Energiefluss, wenn man es anwendet, ist es so, als würde man einen Schalter umlegen und die Kraft fließt intensiver. Mit diesem Symbol wird die Reiki-Energie gebündelt und führt somit die rasche Heilung des physischen Körpers herbei.

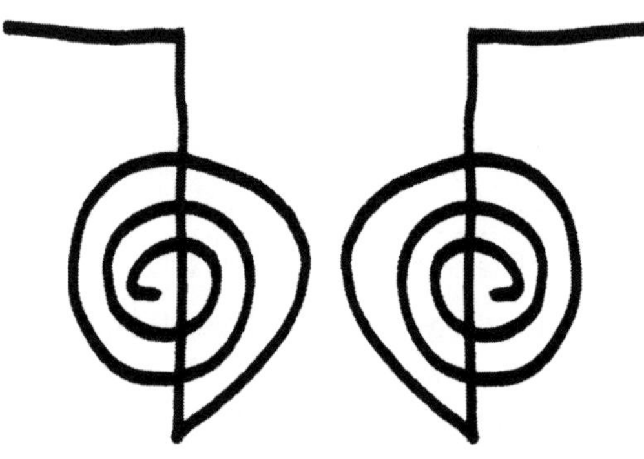

In Notfällen, wie z. B. bei Unfällen, Brüchen, Verstauchungen, sehr starken Bauch-, Kopf-, Rücken- oder Zahnschmerzen, bringt dieses Symbol schnelle Linderung.

Cho Ku Rei verstärkt auch die eigene Willenskraft und zeigt uns den direkten Weg zu bestimmten materiellen Dingen. Man kann sich das Zeichen im dritten Auge visualisieren und so auf eine bestimmte Sache fokussieren. Dieses Symbol ist auch sehr hilfreich, wenn man ganz plötzlich selbst schnell viel Energie und Kraft braucht. Das kann in einer unangenehmen Situation sein oder um sich in einer Diskussion durchzusetzen.

Mit dem Symbol Hon Sha Ze Sho Nen (das Fernheilungssymbol) kann man jedem Menschen, der gerade kraft- und mutlos ist, das Symbol Cho Ku Rei schicken.

Das zweite Symbol heißt Sei He Ki und hat in sich eine sehr einfache Struktur, die sich gut nachzeichnen lässt. Sei He Ki steht für Heilung auf der emotionalen Ebene. Es wird zur Reinigung von negativen Energien eingesetzt, löst Energieblockaden und funktioniert auch als Schutzsymbol. Das Symbol kann spirituelle

Verbindungen sowie Liebesbeziehungen lösen, wenn sie einem nicht guttun. Auch wenn die Verbindung zu einem ganz bestimmten Menschen als sehr stark empfunden wird, kann es sein, dass man nicht mit ihm leben oder sich friedlich mit ihm austauschen kann. Bei unglücklichen Beziehungen hilft Sei He Ki auf sanfte und liebevolle Weise, die Trennung einfacher zu machen.

Das Symbol hilft beim Loslassen von schlechten Angewohnheiten, negativen Gefühlen wie Wut, übermäßige Angst, Trauer und ist somit der magische Schlüssel zur seelischen und geistigen Genesung.

Man kann das Zeichen in die Aura von jemand anders zeichnen (man selbst hat ja durch die Einweihung das Symbol in der Aura verankert), um diesen Menschen vor unangenehmen Situationen zu schützen. Ein schnelles dreimaliges Sei He Ki aktiviert es, wenn man z. B. Beklemmungen in einer Menschenmasse bekommt. Außerdem kann man so auch unangenehme Energien von Gespenstern und düsteren Orten erspüren und gegebenenfalls reinigen.

Das Symbol Hon Sha Ze Sho Nen wird in japanischen Schriftzeichen wiedergegeben und das erfordert ein wenig Übung. Aber mit einem Pinsel und schwarzer Tusche kann man ein richtiges Kalligrafie-Werk daraus machen. Ansonsten hilft nur eines: die einzelnen Striche mit Zahlen versehen und so auswendig lernen. Es ist das berühmte Fernheilsymbol, das immer dann eingesetzt wird, wenn ich keine direkte Anwendung machen kann. Dabei ist es egal, ob der Patient neben mir sitzt oder tausende von Kilometern entfernt lebt. So kann ich Reiki allen Wesen auf der Erde geben, ob nun Mensch, Tier, Pflanze (dann wachsen sie besser; sie lieben Reiki geradezu) oder einem Landstrich oder gleich Mutter Erde. Alles, was an Energien, die ich bereit gestellt habe, nicht von den betreffenden Personen abgeholt wurde (siehe etwas später Reiki-Dusche und -Depot), soll dann ab einem gewissen Zeitpunkt an Mutter Erde fließen.

Das Symbol bedeutet, keine Vergangenheit, keine Gegenwart und keine Zukunft. Wenn man es visualisiert, öffnet sich so gesehen ein Tor in die Unendlichkeit und man kann mit der Heilung beginnen, d. h. die anderen Symbole

und Reiki-Energie an den Empfänger losschicken. Sie sind dann fast zeitgleich bei ihm, denn es gibt keinen Raum und keine Zeit.
Außerdem wirkt es auf den Mentalkörper, wenn z. B. Traumata überwunden werden sollen.

Meine persönlichen Erfahrungen mit diesem Symbol sind, dass ich mit ihm Zugang zum kollektiven Unterbewusstsein und somit Antworten auf meine Fragen zum jeweiligen Patient erhalte.

Wenn man mit anderen Reiki-Anwendern, die auf der ganzen Welt verteilt sind, das Symbol in einer gemeinsamen Sitzung verwendet, kann man sich in einer anderen Dimension treffen und sich austauschen, gemeinsam Heilgebete sprechen oder Heilanwendungen durchführen.

Alles, was ich bisher zur Fernheilung geschrieben habe, ist auch mit Hon Sha Ze Sho Nen machbar. Das heißt, wenn ich das Tor geöffnet habe, kann ich mich mit dem Patient in der Reiki-Welt treffen und ihm eine Anwendung geben. Allerdings ist es mir auch manchmal möglich, mit diesem Symbol den Patient dort zu sehen, wo er sich gerade aufhält. Einmal hatte ich einem Freund Reiki geschickt und ich sah ihn im schwarzen Pullover in einem Raum voller Computer. Das konnte ich allerdings gar nicht wissen, weil ich annahm, er sitzt zu Hause am Computer. Wir hatten uns für die Reiki-Übertragung per Mail verabredet, während er in einer Umschulung saß.

Dann gibt es noch die Möglichkeit, ein Reiki-Paket für jemanden loszuschicken, eine Reiki-Dusche in der Wohnung einzurichten und ein Reiki-Depot anzulegen.
Ein Reiki-Paket legt man für sich oder jemand anders an, in dem man dem Symbol das Tor öffnet und ein Energiepaket dort ablegt. Das kann man auch für einen Raum machen, z. B. OP-Saal, um allen Beteiligten (Ärzten, Schwestern und Patienten) während der OP Reiki zu geben, damit alles gut verläuft. Das Energiepaket kann man sich tatsächlich wie ein Päckchen oder ein großes Ei vorstellen, dass man zeitlich programmiert, wann es seine Energie abgeben soll. Das kann man, wenn selbst operiert wird, auch schon eine Woche vorher machen. Dazu ruft man erst das Hon Sha Ze Sho Nen-Symbol auf, dann das Cho Ku Rei (um die Energie bereit zustellen) und das Sei He Ki (für Schutz und Heilung).

Eine Reiki-Dusche richtet man normalerweise in einem Türrahmen ein. Dazu verwende ich ebenfalls das Hon Sha Ze Sho Nen-Symbol, um den Türrahmen zu sehen, den ich mit einer Reiki-Dusche ausstatten soll.

Dann rufe ich das Cho Ku Rei auf, um die Energie an verschiedenen Punkten am Türrahmen zu verankern (oben und an den Seiten) und das Sei He Ki für Schutz und Heilung. Dazu programmiere ich, ab und bis wann die Reiki-Dusche aktiv sein soll. Wenn sie eingerichtet ist, kann jeder, der davon weiß und unter der Dusche hergeht, sich von Reiki berieseln lassen. Dazu sagt man seinen Klienten, dass sie sich vorstellen können, wie die Goldmarie aus dem Märchen Frau Holle unter dem Türrahmen zu stehen und statt Gold Reiki zu empfangen. Natürlich können sie sich die Reiki-Kraft dann auch in goldener Farbe vorstellen.

Ein Reiki-Depot richtet man ein, wenn jemand auf längere Zeit gesehen, Reiki benötigt. Die Einrichtung eines Depots läuft wie beim Reiki-Paket ab, nur mit dem Unterschied, dass ich Reiki in einer Traube sende. Diese Traube veranke-re ich über dem Patienten. Nun kann er für eine bestimmte Zeit (eine Woche z. B.) jeden Tag aus der Traube eine einzelne Beere „pflücken“, in dem er sich ungestört irgendwo aufhält (z. B. im Bett oder draußen auf einer ruhigen Parkbank) und die Anwendung wirken lässt. Dazu sagt man dem Patienten, was genau man gemacht hat, und dass er sich nun eine Woche lang für ca. eine halbe Stunde mit Reiki versorgen kann, in dem er einfach über seinen Kopf greift und eine imaginäre Beere pflückt.

Reiki 3. Grad

Hier wird man in das Meister-Symbol Dai Ko Myo (Abbildung rechts) eingeweiht, das ebenfalls in japanischen Schriftzeichen geschrieben wird.

Es sei denn, man wurde zusätzlich in das US-Symbol eingeweiht, das wie eine Spirale aussieht (hat ein wenig Ähnlichkeit mit dem Symbol Cho Ku Rei).

Es wird zur Heilung der Seele eingesetzt, weil man davon ausgeht, dass vielen körperlichen Leiden ein seelisches Leiden vorausgegangen ist.

Bei der Einweihung in den Meistergrad fühlte sich das bei mir so an, als würde ich in einem Bus über einen Acker fahren. Ich wurde ca. eine halbe Stunde lang regelrecht durchgeschüttelt. Als die Einweihung vorbei war, spürte ich, wie etwas von mir abgefallen war und ich plötzlich jemanden aus meiner Kindheit verzeihen konnte. Das hätte ich nie für möglich gehalten und ich war unglaublich glücklich darüber.

Da es auf der spirituellen Ebene wirkt, verbindet es den Menschen mit der Einheit des Seins. Es gibt keine Polaritäten mehr, wie böse und gut, männlich und weiblich, sondern es schafft eine Harmonie, bei der solche Dinge einfach keine Rolle mehr spielen.

Dai Ko Myo wird bei den Einweihungen verwendet, um die Reiki-Kraft zu übertragen und die Symbole in die Aura des Schülers zu verankern.

Natürlich dient es auch der Heilung, insbesondere der Seele und kann ohne das Symbol Hon Sha Ze Sho Nen über Raum und Zeit zum Empfänger geschickt werden.

Dieses Symbol erreicht umgehend das Herzchakra des Empfängers und wirkt von da aus. Bei Menschen, die sich leicht erschrecken, wirkt es auch sehr schnell auf das Sakralchakra und sollte bei Traumata eingesetzt werden. Es erdet den Menschen wieder und er kann wieder besser durchatmen.

Bei Einweihungen verwende ich immer alle vier Symbole, bei Heilungen mache ich das je nach Patient. Natürlich reicht das Meistersymbol bei Heilungen, aber bei kleineren Beschwerden, wenn ich eine kleine Massage anwende oder die Symbole auf die schmerzhafte Stelle hauche, verwende ich gerne Cho Ku Rei oder Sei He Ki.
Manchmal verwende ich bei Anwendungen auch alle Zeichen, in dem ich erst das Meistersymbol anwende und dann die anderen drei aus dem zweiten Grad und dann mit dem Meistersymbol das Ganze abschließe.
Das ist alles eine Erfahrungssache und das muss wie bei allen Heiltechniken, jeder Mensch für sich selbst herausfinden.

Crossover Techniken

Darunter verstehe ich die Techniken, die ich mit Reiki, Hexenmagie und schamanischen Anwendungen vermischt habe. Damit kann man sehr interessante und kraftvolle Erfahrungen machen. Und das ist eigentlich auch das Ziel der Anwendungen, möglichst schnell und auf eine bestimmte Zeit Energie zur Verfügung zu haben, um sie weitergeben zu können. Allerdings muss man auch stark genug sein, um damit selbst umgehen zu können. Dabei muss ich auch einschätzen können, inwieweit mein Patient das verkraftet.
Mehr Energie bedeutet auch nicht unbedingt eine Beschleunigung bei der Genesung, denn dafür ist der Patient selbst zuständig.

Für alle Experimente ist es ratsam, ein magisches Tagebuch zu führen. So kannst du jederzeit nachschauen, wie was bei wem gewirkt hat.

Schamanische Techniken und Reiki

Während des Schamanisierens kann ich mich in der Anderswelt mit meinem Patient treffen und ihm Reiki geben. In der Anderswelt haben wir unseren Geist und unsere Seele vom Körper getrennt, sodass die Reiki-Energie ohne materielle Blockaden schneller und ungehindert fließen kann.

Wenn du Reiki-1-Anwenderin bist, ist das eine sehr sichere Methode, die niemanden überfordert.

Anders sieht es aus, wenn du die Symbole aus dem 2. und 3. Grad verwendest. Das kann einen zusätzlichen Energieschub geben, der nicht zu unterschätzen ist. Bevor man das bei jemand anders ausprobiert, muss man selber schauen, wie man damit arbeiten kann. Versuche während des Schamanisierens eine Eigenbehandlung aus. Gebe dir selbst Reiki und beobachte, was passiert.

Wenn du beide Techniken beherrschst, wird das die absolute Krönung sein.
Durch die Trance hat man schon einen gewissen Level an Energie aufgebaut, durch die Verwendung der Reiki-Symbole wird sie um ein Vielfaches angehoben. Es können ganz spontane Veränderungen auftreten, wie z. B. intensivere Farbwahrnehmungen oder Gerüche, lautere Geräusche und sogar Gestaltwandlungen. Eigentlich muss man mit allem rechnen, sich aber möglichst nicht erschrecken. So stand einmal ein Bekannter vor mir als Jaguar und knurrte mich an. Ich erschrak zuerst und ging einen Schritt zurück. Er hörte aber sofort auf zu knurren. Ich entspannte mich wieder und sah, dass er sich als Jaguar irgendwie wohler fühlte und auch behandelt werden wollte.

Es ist etwas ganz anderes, als wenn ich mit dem Reiki-Fernheilsymbol in die Reiki-Welt eintrete, als wenn ich mit einer schamanischen Reise in die Anderswelt reise. Es ergeben sich auch ganz andere Perspektiven auf das, was man als Heiler macht. Das muss man wirklich selbst erfahren haben, weil sich diese Erlebnisse eigentlich kaum in Worte fassen lassen.

Wenn ich jemandem unerwünschte Energien aus dem Körper gezogen habe, kann ich das entstandene Loch mit Reiki-Energie füllen.

Ich visualisiere die Reiki-Symbole mit Farben. Cho Ku Rei oder das US-Symbol Dai Ko Myo z.B. visualisiere ich gerne in Rot, um ihnen noch ein wenig mehr Power zu geben. Das Symbol Sei-He-Ki lässt sich mit der Farbe Lila oder Rosa sehr gut kombinieren und in einer Heilmeditation anwenden.

Du kannst die Reiki-Symbole[92] auch in Kerzen ritzen, mit einem magischen Öl auf einen schmerzenden Körperteil auftragen, auf Heilbeutelchen oder Puppen aufmalen oder als Schutzsymbol auf deine Haustür zeichnen.

---

92 Wichtiger Hinweis: Du kannst nur mit den Symbolen arbeiten, wenn Du auch in sie eingeweiht bist. Nur dann sind sie auch wirksam.

Heiltechniken zum Thema Tod und Verstorbene

„Alle lebenden Kreaturen haben die gleiche Seele, auch wenn ihre Körper verschieden sind.“[93]

Für eine Heilerin gehört der Tod zum Leben dazu. Wir können anderen Wesen helfen, während des Sterbeprozesses eine Erleichterung herbeizuführen, Seelen ins Licht zu begleiten und Trauernden beizustehen.
Dabei mache ich keinen großen Unterschied bei den Ritualen zwischen Menschen und Haustieren. Alle Wesen, die ihr Leben mit uns geteilt haben, sollen die gleiche Aufmerksamkeit erhalten, wenn es soweit ist. Als Wichtigstes ist aber zu beachten, dass wir uns nicht aufdrängen und die Wünsche des Sterbenden akzeptieren und erfüllen. Selbst wenn jemand keine Unterstützung unsererseits haben möchte, müssen wir das akzeptieren. Wir können natürlich Vorschläge machen, aber alles andere liegt beim Willen des Sterbenden.
Dazu gehört auch, sich dem Wunsch nach Sterben bei unheilbarer Krankheit zu stellen. Bei Tieren haben wir es einfacher, da die Euthanasie[94] für sie legal ist und so manchen schlimmen Leidensweg beenden kann.
Einem Menschen können wir in dieser Hinsicht beistehen und ihm die spirituelle Möglichkeit geben, zu gehen, wann er möchte.
Tiere und Menschen spüren, wann sie ihren Weg ins Jenseits gehen müssen und wir Lebenden sollten sie dabei unterstützen.
Das ist ein harter Gang, aber wir wissen, dass die Seelen unsterblich sind und nur der Körper stirbt. Viele von uns spüren die Seelen Verstorbener, wie sie uns auch nach ihrem körperlichen Tod begleiten, zu Schutzgeister werden oder uns mit ihren eigenen Gaben beschenken, damit wir ihre Aufgabe weiterführen können.

Wenn jemand stirbt, haben nicht nur die Hinterbliebenen Angst vor dem Loslösen, Verlassenwerden, dem Übergang, sondern auch der Sterbende. Niemand geht gerne irgendwohin, wenn er hier liebt und geliebt wird. Wenn aber Schmerzen das Leben unerträglich machen, müssen wir den Mut haben, den Sterbenden gehen zu lassen.
Wenn man sich das klarmacht, kann man dem Sterbenden Mut machen, den Körper zu verlassen. Und die Seele darf hingehen, wohin sie will. Und wenn sie bleiben möchte, dann ist das ihre Entscheidung. Wer will denn über Seelen entscheiden und sie wie unmündige Kinder behandeln?

---

93 Hippokrates – aus dem Kalender 2009 des Albert-Schweitzer-Tierheims Essen.

94 Griechisch für guter, schöner Tod.

Man kann mit Geistern[95] zusammenleben, und wenn man Freude an dieser Verbindung hat, kann man kleine Opfergaben[96] machen, denn auch Geister sind hungrig. Sie beschützen in der Regel uns und unser Heim und müssen dann dementsprechend gnädig gestimmt werden, damit sie ihre Aufgabe auch erfüllen.

Manchmal melden sich auch Seelen bei mir, weil sie Hilfe brauchen. März 2007 wollten mein Mann und ich durch den Stadtpark und den Park dahinter spazieren gehen. Als ich mich im Bad fertig machte, wurde ich plötzlich sehr traurig.
Ich sah im Spiegel, dass ich meine Kamera mitnahm und hinterher im Blog ein Bild hineinsetzte, auf dem ein Holzkreuz und Blumen zu sehen waren.
Ich beschloss daher, die Kamera zu Hause zu lassen.
Wir gingen los, und als wir die hohe Holzbrücke über der Köttelbecke (Abwasserkanal) betraten, sah ich ungefähr auf der Mitte der Brücke Blumen unten am Geländer liegen.
Mir blieb die Luft weg. Als wir näher kamen, sahen wir ein Holzkreuz, in das 5.3.2007 und der Name Erik gebrannt war. Vor dem Kreuz lagen die weißen Blumen.
Wir haben viel überlegt, was dort passiert ist (wir lesen keine Tageszeitung), da fiel mir ein, dass sich vor ein paar Wochen ein junger Mann erhängt hatte (stand kurz im Wochenblatt, aber ohne Ortsangabe). Als wir wieder zu Hause waren, machte ich ein kleines Abschiedsritual für ihn, damit er ins Licht gehen konnte. Er war doch sehr entsetzt darüber, tatsächlich tot zu sein und hatte jemanden gesucht, der ihm zur Seite steht.

Spirituelle Sterbehilfe

Als erstes wird der Raum mit einer Räucherung[97] gereinigt und jeder, der in diesem Raum anwesend ist.
Wenn Räuchern nicht gewünscht ist, kannst du auch leise Rasseln oder mit Salzwasser vorsichtig den Raum und die Anwesenden besprühen. Sehr schön finde ich die Geste, jeden Teilnehmer mit einem mit Wasser befeuchteten Finger an der Stirn zu berühren.
Dann bittest du die Elemente herbei und deinen Geist- oder Heilerführer.

---

[95] Bei Seelen von Mördern oder anderen, die zu Poltergeistern werden, würde ich eine Ausnahme machen, damit sie niemanden gefährden können. Sie bekommen selbstverständlich einen Freifahrschein ins Jenseits, notfalls mit einem starkreinigenden Ritual wie in meinem Buch „Ouija – Tore zu anderen Welten“ beschrieben.

[96] Einen Schnaps, etwas von meinem Essen, etwas Milch etc.

[97] Siehe unter Schamanische Techniken, Räucherungen.

Sage ihnen, dass du sie für ein Befreiungsritual brauchst, und dass sie die Person segnen mögen, die bereit ist, ihren Weg in die Anderswelt anzutreten.
Sage ihnen, dass sie den Sterbenden oder die Sterbende begleiten und beschützen mögen.
Rufe nun die Schutzgeister der Person an, damit sie sie begleiten können und ihr die Angst vor dem Übergang nehmen.

Wenn du magst, kannst du folgenden Text verwenden:
„Ich bin hier, weil ich dir helfen möchte, auf deinen letzten Spaziergang zu gehen. Alle Anwesenden, ob aus der inneren oder äußeren Welt, werden dir die Leichtigkeit geben, zu tun, was du tun musst.
Ich (wir) bin (sind) froh, dass ich (wir) dich kennen durfte (durften) und einen Teil unseres Weges gemeinsam gehen durften. Unsere Liebe wird niemals enden und wir werden in alle Ewigkeit miteinander verbunden sein. Irgendwann werden wir uns in Ceridwens Kessel wiedertreffen und wieder gemeinsam auf Wanderschaft gehen."

Danach rassel´ noch eine Weile oder lasse die Lieblingsmusik des Sterbenden laufen.
Vielleicht hältst du auch einfach nur die Hand des Sterbenden. Dein Haustier kannst du auf den Schoß nehmen. Es gibt für solche Situationen keine festen Abläufe, das musst du ganz alleine entscheiden.

Wenn der Tod eingetreten ist, dann räuchere auf jeden Fall und sende deinen Dank den Wesen, die dir und der Seele geholfen haben.

Alles Weitere liegt nun bei den Wünschen des Verstorbenen, die vorher natürlich erörtert wurden (Aufbahrung, Bestattungsart etc.).

Seelensammlerin

Hier beschreibe ich, wie ich Seelen helfe, die den Wunsch äußern, ins Licht zu gehen. Ich muss dazu sagen, dass es sich dabei um Geister verstorbener Menschen handelt, die den Übertritt in die Anderswelt gehen möchten, weil sie hier ihre Aufgabe erledigt haben, sowie um Tiere, die ich unterwegs tot auffinde und die Seele unter Umständen noch bei ihnen ist. Das ist nicht immer der Fall, aber doch recht häufig.
Angefangen hatte es vor Jahren, als ich in Mecklenburg-Vorpommern eine tote Füchsin auf der Straße sah, deren Seele plötzlich hinter mir im Auto saß. Ihr Tod war erst kürzlich eingetreten und sie wollte ins Licht gehen. Ich sagte, dass ich ihr dabei helfe.

Später ging es los, dass ich manchmal mit 3 oder 5 Seelen von meinen Spaziergängen zu Hause ankomme, um dann ein kleines Ritual zu machen. Ich sammel so zu sagen die Seelen ein, biete ihnen auch manchmal meinen Körper als Vehikel an und zu Hause mache ich dann folgendes Ritual:

Ich zünde ein Räucherstäbchen an und eine rosa oder weiße Kerze. Dann öffne ich mit meiner Athame mit dem öffnenden Pentagramm ein Tor in westlicher Richtung und sage: *„Ihr Lieben (dann zähle ich einzeln auf, wen ich damit meine), ich öffne euch nun ein Tor zur Anderswelt, durch das ihr nun hindurch gehen könnt. Das Licht der Kerze weist euch den Weg und ihr könnt auf dem Rauch des Stäbchens reisen. Gute Reise, Frieden und Liebe auf Eurem Weg. So soll es sein.“*

Wenn das Räucherstäbchen abgebrannt ist, dann schließe ich das Tor zum Westen wieder mit dem schließenden Pentagramm und lasse die Kerze bis zum Schluss abbrennen.

Neulich hatte ich in der Nähe auf dem Weg zum Einkaufen eine tote Ringeltaube vor einem Brötchen gesehen. Sie konnte nun nicht mehr das Brötchen aufpicken und ich bot ihrer Seele an, sie mitzunehmen, damit sie noch eine Mahlzeit in meinem Körper genießen kann. Sie nahm an und ich hatte das Gefühl, dass sie nun meinen Einkauf fürs Mittagessen bestimmte. Wir ließen es uns richtig gut gehen und danach war sie bereit zu gehen.

Einmal hatte ich eine Vision von toten Tieren auf der Autobahn und keine fünf Minuten später lagen in einem Abstand von vielleicht drei oder vier Metern zwei tote Füchse. Ihre Seelen waren regelrecht geschockt und sie weinten, weil sie so gerne gelebt hatten. Ich nahm sie mit auf meinen Ausflug, auf dem sie sich erholten und danach ins Licht gehen wollten.

Es gibt Seelen, die unglaublich gerne gelebt haben, weil sie von anderen Seelen sehr geliebt wurden und sie das Leben in ihrem Körper genossen haben. Sie wollen nicht gehen, aber auch der „Überlebende“ will und kann sie nicht gehen lassen. Wenn das Band der Liebe so stark ist, dann kann man es auch so lassen. Im Laufe der Zeit wird es automatisch dünner und der Abschied wird nicht mehr als Schock empfunden.
Deshalb ist es so wichtig, dass man zu Lebzeiten so viel Zeit wie möglich mit denen verbringt, die man liebt. Weil diese Zeit in dieser Form nicht mehr zurückkommen wird. Alles, was bleiben wird, sind die Gedanken an eine gemeinsame körperliche Zeit. Diese Zeit ist voller Sinnlichkeit und etwas, was wir über unsere Haut spüren, über unsere Sinne des Sehens, Schmeckens,

Riechens, Hörens und Empfindens. Das ist etwas, zu dem Geister und Seelen so nicht in der Lage sind.

Auf die Idee, einen geliebten Menschen oder Tier einfach bei sich zu behalten, also nicht auf Biegen oder Brechen ins Licht zu schicken, kam mir bei der Lektüre über Geisterphänomene in den USA. Viele Menschen arrangieren sich mit Hausgeistern und niemand kommt zu Schaden. Aus diesem Grund hatte ich unseren Hausgeist erst ins Licht geführt, als er soweit war. Aber es ist noch ein zweiter hier, der das Haus bewacht.
Meine Katze Toyah hat unglaublich gerne bei uns Menschen gelebt und ist mir nach ihrem Tod wochenlang nicht von der Seite gewichen. Eine Freundin meinte, dass das nicht gut sei. Ich fand es aber o.k. und ich fühlte mich auch gut. Als Toyah dann ins Licht gehen wollte, habe ich mich von ihr gelöst und sie von mir. Nach einer Weile kam sie mich dann wieder regelmäßig besuchen.

Deathwalking

Das ist eine Technik, die Schamanen und Hexen anwenden, um eine Seele ins Licht zu begleiten. Dazu macht man sich auf den Schlägen einer Trommel (schamanisieren) gemeinsam auf den Weg zur Anderswelt.
Natürlich kannst du dich auch mit einer Rassel in Trance begeben oder in eine tiefe Meditation. Eine weitere Möglichkeit ist, sich auf den Tönen deiner Lieblingsmeditationsmusik in die Anderswelt führen zu lassen.
Wichtig ist, dass diese Tätigkeit mit viel Liebe und Hingabe ausgeübt wird. Es kann vorkommen, dass eine Seele Angst bekommt, weil sie nicht weiß, was sie erwartet. Beruhige sie und erkläre ihr, dass alles gut wird und sie auf jene trifft, die sie einmal geliebt hat. Und dass man sie dort auch schon erwartet.
Wenn ich diese Seelen begleite, dann stelle ich sie mir in dem körperlichen Zustand vor, in denen sie gestorben sind. Menschen nehme ich dabei an die Hand und Pferde führe ich, in dem sie neben mir hergehen. Hunde, Katzen und Ratten trage ich auf meinem Arm und Vögel sitzen in der Regel auf meiner Schulter oder Hand. Und jedes Wesen macht seinen letzten Schritt genauso, wie es sich auf der Erde bewegt hat. Vögel fliegen einfach und alle anderen gehen auf ihren 2 bzw. 4 Füßen.
Natürlich solltest du auch wissen, an welchem Punkt du umkehren musst, um nicht irgendwo in der Zwischenwelt hängen zu bleiben oder zu weit zu gehen. Darum gebe ich dir jetzt ein paar Methoden an die Hand. Du kannst aber auch selbst kreativ werden und einen Weg ins Licht suchen (z.B. wie Goldmarie durch den Brunnen in das Reich der Frau Holle).

Die Methode der erdverbundenen Hexen

Wenn du in Trance bist, nimmst du die Hand deines Schützlings und du führst ihn. Ihr geht durch einen von Menschen unberührten Wald auf einem schmalen Pfad entlang. Ihr genießt die tiefe Stille und Ruhe, die er ausstrahlt. Dann bleibt ihr vor einem wunderbaren Baum stehen und bittet ihn um Einlass. Der Baum öffnet einen Teil seiner rauen Rinde und ihr tretet nacheinander ein. Schummeriges Licht umgibt euch und ihr geht auf einer Treppe nach unten. Es ist eine Wendeltreppe, die immer weiter in die Tiefe führt. Je weiter ihr nach unten geht, desto dunkler wird es. Aber es ist keine beängstigende Dunkelheit, sondern eine beschützende. Die Treppe scheint endlos zu sein, aber irgendwann könnt ihr ein Licht ganz weit unten sehen. Ihr kommt dem Licht immer näher und es sind viele Wesen im Licht zu erkennen. Die Seele spürt, dass sie nun zu Hause angekommen ist. Während sie zu den Wesen ins Licht geht, musst du dich von ihr verabschieden und wieder nach oben gehen.

Du gehst deinen Weg wieder zurück und öffnest oben im Baumstamm die Tür nach draußen in den Wald. Gehe durch die Tür und gehe den schmalen Pfad wieder zurück. Dann erwachst du wieder aus deiner Trance und bist wieder im Hier und Jetzt.

Die Avalon oder Göttinen-Methode

Gehe in eine tiefe Trance und nimm die Hand deines Schützlings. Stelle dir vor, ihr geht durch einen grünen Zauberwald. Der Waldboden ist voller Moos und er dämpft eueren Schritt. Die Sonne scheint durch die Bäume bis auf den Boden und in den Wipfeln zwitschern die Vögel. Irgendwann stehen die Bäume nicht mehr so dicht und ihr könnt durch die Baumstämme einen See erkennen. Ihr geht über hohes Gras auf den See zu und an seinem Ufer steht ein Boot mit einem schwarzgewandeten Ruderer, der auf Euch gewartet hat. Er fordert euch schweigsam auf, sein Boot zu besteigen.

Dein Schützling und du steigt nacheinander in dieses Boot und setzt euch nebeneinander vor den Ruderer.

Der Blick über den großen See ist herrlich. Sein Wasser glitzert im Sonnenschein und die Fahrt geht los. Das Wasser plätschert leise bei der Berührung mit dem Ruder und nun kommt ihr zur Mitte des Sees.

Langsam zieht Nebel auf und die Sonne verschwindet Stück für Stück. Die Sonnenstrahlen werden immer weniger und weniger. Der Nebel lässt dem Boot eine kleine Furt und ihr bewegt euch auf eine Nebelwand zu. Als ihr gerade noch den Bug des Bootes sehen könnt, erscheint ein Boot mit einer Göttin aus dem dichten Nebel. Sie hat wallendes rotes Haar und ist mit einem schlichten schwarzen Umhang bekleidet. Ihr Gesicht ist bleich und ihre Haare sind weiß. Ihr Boot gleitet neben euer Boot und nun ist die Zeit des Abschie-

des gekommen. Stehe zusammen mit deinem Schützling auf und nimm seine Hand. Lege seine Hand vertrauensvoll in die ausgestreckte Hand der Göttin, die ihn auf ihr Boot geleitet. Beide verschwinden nun in dem dichten Nebel, um nach Avalon zu gelangen.
Du selbst lässt dich vom Ruderer wieder in deine Welt fahren. Irgendwann kommen auf der Fahrt die Sonnenstrahlen wieder durch den Nebel und du kannst das bewaldete Ufer erkennen, an dem du in dieses Boot gestiegen bist. Am Ufer angekommen, gehst du durch den Zauberwald und erwachst erfrischt wieder im Hier und Jetzt.

Die schamanische Methode
Du sitzt mit deinem Schützling auf einem Bergplateau. Ihr habt eine herrliche Weitsicht. Da es ziemlich kühl ist, seid ihr in bunte Decken gehüllt. Über euch kreist ein Adler, dessen Schreie an den Bergen in der Umgebung widerhallen.

Vor euch brennt ein Feuer. Es knistert und duftet herrlich nach Kiefernholz. Du holst einen grünen Samtbeutel aus deiner Tasche und nimmst eine Handvoll getrocknete Beifußblüten heraus. Du wirfst sie ins Feuer und ein dichter, würziger Qualm steigt gerade gen Himmel. Steht nun beide auf und du nimmst deinen Schützling an die Hand. Ihr spürt nun, wie ihr schwerelos werdet und euch zum Rauch bewegt. Vertraut euch nun dem Rauch an und reist auf ihm nach oben. Ihr kommt an Wolken vorbei und irgendwann seid ihr über den Wolken. Unter euch ist ein weißer Wolkenteppich und um euch herum ist der Himmel so geheimnisvoll blau wie zur Blauen Stunde[98]. Wenn ihr euch Richtung Westen dreht, könnt ihr sehen, dass die Sonne bald untergeht. In dieses Licht gleitet der Rauch und dorthin führst du nun deinen Schützling. Der Zeitpunkt des Abschiedes ist jetzt gekommen. Lasse die Hand deines Schützlings los, damit er alleine in den Sonnenuntergang gleiten kann. Wenn die Sonne untergegangen ist, ist die Seele in die Anderswelt übergetreten und du machst dich auf deinen Heimweg. Schwebe auf dem Rauch gen Erde zurück, vorbei an den Wolken, bis du wieder am Lagerfeuer sitzt. Willkommen im Hier und Jetzt.

Deathwalking für Tiere

Das lief bisher eigentlich immer sehr schnell und unkompliziert. Tiere scheinen zu wissen, was sie erwartet und das nehmen sie mit Freude an.
Je nachdem, was es für ein Tier ist, begleitest du es über eine grüne, saftige Wiese. Viele Kräuter und Blumen wachsen dort und es duftet einfach himm-

---

98 Die Blaue Stunde ist ein anderer Begriff für Dämmerung. Dann ist der Himmel in so ein schönes und rätselhaftes Blau getaucht.

lisch. Nach einer Weile erscheint vor euch ein großes braunes Holztor, durch das du die Wiese und Bäume sehen kannst. Das Tier wird sich nun von dir lösen und durch das Tor gehen oder fliegen.
Sobald es das Tor passiert hat, kannst du es auf der anderen Seite noch kurz sehen, bevor das Tor wieder verschwindet. Jetzt ist der Zeitpunkt gekommen, an dem du dich auf den Heimweg machst.

Spirituelle Trauerarbeit

Wenn jemand gestorben ist und man keine Verbindung mehr zum Verstorbenen spürt, sich selbst aufgibt und absolut nicht verstehen kann, wieso alle anderen weitermachen, als wäre nichts geschehen, wird es Zeit für ein heilendes Ritual.
Manche Trauernde entziehen auch ihrer Umgebung Energie, sodass z. B. Pflanzen eingehen können.

Zuerst wird ein Gespräch geführt, in dem der Trauernde alle seine Kümmernisse besprechen kann. Gib´ ihm Hilfestellungen, was er für sich tun kann, damit es ihm wieder besser geht, frage, ob er überhaupt Abschied genommen hat (in diesem Fall kann man ein Abschiedsritual machen, ähnlich wie bei der Sterbehilfe) und ob er Dinge tun kann, die dem Verstorbenen Freude machen würden. Z. B. hatte ich vor einiger Zeit von einem Kind gehört, das seinem verstorbenen Freund jeden Abend Harry Potter vorgelesen hat.
Zu Ehren eines Verstorbenen kann man auch Dinge fortführen, zu denen er einen zu Lebzeiten immer aufgefordert hat. Meine Freundin Gisela hatte immer zu mir gesagt, lerne Englisch, denn das könnte mal sehr wichtig für mich sein. Das tue ich auch, denn eines Tages, Jahre nach ihrem Tod, kam sie im Traum zu mir, und ermahnte mich, weiter an meinem Englisch zu arbeiten. Ansonsten habe ich oft das Gefühl, dass sie bei mir ist, wenn ich bei Ikea einkaufe, weil sie dort immer so gerne war.

Wenn das Gespräch beendet ist, mache ich gerne eine rituelle Räucherung, damit der Trauernde Altes loswerden kann und wieder offen für Neues ist.

Für das erste Treffen ist das schon eine ganze Menge „Arbeit“ für den Trauernden. Bei weiteren Treffen kann man eine schamanische Reise machen und in der Zwischenwelt einen Kontakt zwischen dem Trauernden und dem Verstorbenen herstellen, damit der Trauernde sehen kann, wie es dem geliebten Menschen geht.
Wenn das nicht erwünscht ist, kann man auch eine Seelenrückführung unternehmen, da der Trauernde, wenn er so gar nicht mit sich klarkommt, häufig Seelenanteile verloren hat.

Tiere und Heiltechniken

Als erstes möchte ich zu diesem Thema etwas anmerken, weil mir das ganz besonders wichtig ist. Reiki und andere Techniken sind nur dann bei unseren Haustieren einzusetzen, wenn sie auch von einem Tierarzt oder Heilpraktiker behandelt werden. Spirituelle Heiltechniken ersetzen weder die Diagnose noch eine Heilbehandlung von einem Arzt, sondern dienen der Unterstützung und Aktivierung des körpereigenen Abwehrsystems.
Ich habe leider ab und zu Anfragen, wo die Menschen Reiki etc. als einzige Behandlungsmöglichkeit in Betracht ziehen, weil alles andere zu teuer oder gar zu umständlich ist. Ich sage den Leuten, gerade wenn es sich um Fern-Reiki handelt, dass ich erst tätig werden kann, wenn ich eine Diagnose vom Tierarzt habe. Ich bin mir durchaus bewusst, dass es Tierärzte gibt, die sich ihre Behandlungen vergolden lassen, aber unter Tierfreunden lässt sich schnell herausfinden, welcher Tierarzt/Tierheilpraktiker nicht nur gut ist, sondern auch preiswert.
Wenn ich mir ein Tier anschaffe, muss ich solche Kosten bei der Berechnung für die Unterhaltung eines Tieres mit einfließen lassen.

An einer anderen Stelle des Buches hatte ich geschrieben, dass ich um Hilfe gebeten werden muss, damit ich heilerisch tätig werden kann. Tiere können uns nicht einfach mal eben sagen, ich brauche jetzt Reiki. Da müssen wir uns auf unsere Intuition und die Körpersprache der Tiere verlassen. Wenn wir spüren und sehen, dass ein Tier erkrankt ist, dann wissen wir auch, dass es Hilfe braucht. Die sollten wir ihm in keinem Fall verweigern.
Wenn ein Tier kein Reiki annehmen will, dann zeigt es das sehr offensichtlich, in dem es z. B. einfach weggeht. Das Tier sollte dann auf keinen Fall festgehalten werden, sondern wir müssen seinen freien Willen akzeptieren (was meistens bei der Tablettengabe nicht so ist, aber ich habe es bei meinem wehrhaften Merlin tatsächlich geschafft, ihm seine allabendliche Herztablette ohne Stress für uns beide zu verabreichen).
Du kannst das jeweilige Tier auch fragen, ob es Reiki haben möchte. Wenn es bei dir bleibt, ist das eine positive Antwort.

Eigentlich lassen sich fast alle spirituellen Heilmethoden aus diesem Buch auch beim Tier anwenden. Dabei muss ich zugeben, dass Räucherungen, Tanzen und Trommeln davon auszuschließen sind, solange man sie nicht als Fernanwendung macht.
Tiere sind, genau wie wir, spirituelle Wesen und haben auch einen Energiekörper, den wir sehen und auch behandeln können. Bei unseren Haustieren müssen wir auch erst Erfahrungswerte sammeln, während wir bei wildleben-

den Tieren oder Zootieren auf Fern-Reiki, bzw. Fernheiltechniken angewiesen sind.
Z. B. haben Hunde und Katzen die gleiche Energiefeld- und Organanordnung wie wir, sodass wir auch gezielt Reiki geben können. Ansonsten vertraue ich auch auf die Reiki-Energie, denn sie weiß ja, wo sie gebraucht wird.

Haustiere leiden genau wie Menschen an typischen Zivilisationskrankheiten und können z. B. auch lungenkrank werden, wenn in der Wohnung geraucht wird. Ich hatte mal einen kleinen Hund in Pflege, der sogar nach zwei Tagen noch unerträglich nach Nikotin stank. Haustiere nehmen das Nikotin nicht nur über die Atemluft auf, sondern auch über das Fell bzw. Federkleid. Wenn sie ihr Fell oder Gefieder putzen, gelangt das Gift auch noch über die Schleimhäute in den gesamten Organismus und in den Magen.
Außerdem werden viele Tiere falsch gefüttert (was auch an vielen Futtermittelherstellern liegt), sodass sie nicht nur zu dick werden, sondern auch Diabetiker werden können. In sehr vielen Futtersorten ist Zucker oder viel zu viel Pflanzenanteile, sodass auch Tiere, wie z. B. mein Tom, Diabetiker werden können. Leider fressen meine Jungs nichts Selbstgekochtes, sodass ich auf Dosenfutter zurückgreifen muss.
Viele Haustiere leiden auch an Bewegungsmangel und Langeweile. Sie können Alzheimer bekommen, und wenn wir Menschen Grippe haben, können wir sie unter Umständen sogar anstecken.

Tiere ziehen sich in der Regel zurück, wenn sie krank sind und suchen ihre Heilung im Schlaf. Tiere sind in dieser Hinsicht intelligenter als viele Menschen. Sie spüren, was sie tun müssen, um wieder gesund zu werden.
Allerdings ist es für Haustiere schwierig, ihre eigene Medizin (z. B. bestimmte Kräuter oder Gras) zu finden, wenn sie in der Stadt leben und dann auch manchmal nur in der Wohnung. Wenn wir als Tierbesitzer merken, dass sie alleine nicht klarkommen, müssen wir selbstverständlich eingreifen und helfen.

Meine Katzen reagieren sehr gut auf Reiki und schamanische Techniken. Aber auch „meine“ wildlebenden Stadttauben mögen Reiki. Ein Gockel (Felsentaube) hatte sich im Winter am Fuß verletzt und es war mir klar, dass der Fuß nicht mehr richtig gesund werden würde. Aber ich wollte ihm den Heilungsprozess etwas erleichtern und seine Abwehrkräfte stärken. Er saß oben auf dem Dach des Anbaus und sah zu mir herunter. Ich schickte ihm Reiki und nach einigen Minuten kam so eine große Dankbarkeit zurück, dass mir die Tränen kamen. So was Liebes und Rührendes ist mir schon lange

nicht mehr passiert. Seit einigen Tagen (heute ist der 11.5.09) besucht er mich mit seinen drei Kindern.
Ich setze Reiki z. B. ein, wenn ich mit einem Schätzchen zum Tierarzt muss oder ich lasse auch während der Behandlung Reiki fließen. Dann gebe ich es dem Tier direkt, in dem ich es streichel´ oder bei der ärztlichen Behandlung festhalte. Es wirkt ein wenig dem Stress entgegen, das jedes Tier beim Arzt verspürt.
Sobald ich spüre, dass das Tier sich dagegen wehrt, schließe ich den Reiki-Kanal umgehend.

Anwendungen zu Hause gebe ich z. B. bei Unwohlsein, Mattigkeit und Verdauungsschwierigkeiten.
Meine Katzen reagieren auch sehr unterschiedlich auf direktes Handauflegen. Merlin mag das gar nicht und bekommt nur Fern-Reiki, selbst wenn er neben mir sitzt oder liegt.
Tom wiederum findet meine heißen Reiki-Hände mittlerweile richtig gut und ich massiere ihm (z. B. bei Verdauungsproblemen) den Bauch und gebe gleichzeitig Reiki. Das funktioniert unglaublich gut.
Zur Unterstützung bei anderen Krankheiten verwende ich gerne das Meistersymbol, das ich seitlich auf den Brustkorb des liegenden Tieres mit dem Finger zeichne und dann darauf hauche und meine Hand auflege. Das mache ich in der Regel 10 bis 20 Minuten, wenn das Tier nicht unruhig wird und gehen will.

Meine Jungs sind auch in den ersten Reiki-Grad[99] eingeweiht, was mir manchmal sehr hilft, weil ich die Anwendung einfach nur anstupsen muss.
Das kann ich jedem eigentlich nur empfehlen, weil es z. B. auch Katzen gibt, die heilerische Fähigkeiten besitzen. Das hört sich vielleicht merkwürdig an, aber es gibt z. B. Katzen, die sich kranken oder depressiven Menschen schon fast aufdrängen, um heilende Energien abzugeben.
Manche Tiere übernehmen sogar die Krankheit des Menschen, den sie lieben, damit er weiterleben kann. Sie sind teilweise ganz anders mit Menschen verbunden, als Menschen mit ihnen. Das kann man sehr gut bei Hunden beobachten, die ihren prügelnden Herrn sogar noch die Hand ablecken.

---

[99] Den 2. Grad empfehle ich bei Tieren, die z. B. mentale Störungen haben. Mit dem 2. Grad können sie lernen, besser mit bestimmten Situationen umzugehen (z. B. wenn zu viele Katzen auf engem Raum zusammen leben müssen oder ein Hund Angst vor fremden Menschen hat).

Um ein Tier behandeln zu können, braucht man

a) viel Zeit und
b) ganz viel Geduld[100].

Das ist etwas, was mir meine Katzen bisher mit auf den Weg gegeben haben. Sie leben nach dem Motto wie die Natives „Ihr Weißen (Menschen) habt die Uhren und wir haben die Zeit.“

Wenn ich meine eigenen Tiere behandele, dann bin ich für sie eine vertraute Person und sie müssen sich nicht auf mich einstellen. So mache ich eine Reiki-Anwendung, wenn ich glaube, dass sie sie brauchen und liege mit meiner Einschätzung auch richtig. Für Tablettengaben oder Augentropfen muss ich bei Merlin viel Geduld mitbringen, ihn streicheln, ihm etwas erzählen (wie toll er das jetzt alles macht) und/oder ganz leise etwas singen.

Wenn ich ein mir fremdes Tier behandele, dann wähle ich immer die Reiki-Variante. Das hat damit zu tun, dass die meisten Leute schon mal etwas davon gehört haben und es positiv sehen.
Ich fahre dann zu den Leuten hin, damit das Tier in seiner vertrauten Umgebung sein kann und nichts aufgezwungen bekommt.
Zuerst erkläre ich dem Besitzer, was ich mache und wie das alles wirkt und was er dann evtl. noch tun kann. In den meisten Fällen lassen sich die Leute, (nicht immer von mir) auf meine Empfehlung zumindest, in den ersten Reiki-Grad einweihen, damit sie ihrem Tier bei Bedarf selbst helfen können.
Häufig ist allerdings festzustellen, dass viele Menschen der Meinung sind, dass das Haustier sich den Menschen anzupassen hat. Dabei ist es tatsächlich umgekehrt. Wenn man ein Tier hat, muss man ihm zwar schon beibringen, was es darf und was nicht, aber ich darf mich z. B. dem Tier nicht aufdrängen, nur weil ich gerade mal eine Schmuseeinheit brauche. Auch muss ich dafür sorgen, dass das Tier artgerecht gehalten wird (z. B. Klettermöglichkeiten für Katzen, bei vielen Tierarten einen zweiten Artgenossen, ausgiebige Spaziergänge mit dem Hund, Wühlmöglichkeiten für Farbratten). Wer viel Wert auf das Äußere seiner Wohnung legt und sich bei jedem Kratzer an der Tapete aufregt, sollte sich vielleicht lieber kein Tier anschaffen.

Das Gespräch findet dann im Zimmer statt, in dem sich das Tier aufhält, damit es Kontakt zu mir aufnehmen kann. In seltenen Fällen weigert sich das Tier herauszukommen. Papageien und andere Vögel fasse ich meistens nicht an, weil sie sehr auf ihren Besitzer fixiert sind und mich als Eindringling

[100] Das ist bei Kindern ganz genauso!!!

betrachten können. Als Fremder sollte man sie auch auf keinen Fall in die Hände nehmen oder eine Hand über sie halten. Das löst in ihnen Angst aus. Farbratten, wenn sie zahm sind, kommen freiwillig auf die Hand. Aber auch hier würde ich darauf verzichten, eine Hand über sie zu halten. Wenn das Tier es sich bei dir bequem gemacht hat und vielleicht sogar eingeschlafen ist, kann man auch Fern-Reiki geben und Reiki durch die Hand, auf der es sitzt. Möchte sich ein Tier mir nicht nähern, gehe ich nach einer Weile wieder und ich vereinbare mit dem Tierbesitzer einen neuen Termin oder ich gebe eine Portion Fern-Reiki. Manchmal wird dadurch schon das Eis gebrochen. Wichtig ist, dass man dem Besitzer auch erklären muss, dass man nichts erzwingen darf. Das Tier kann scheu auf Besuch reagieren und dann darf ich mich auf keinen Fall aufzwingen. Spirituelle Heilweisen können nur auf freiwilliger und vertraulicher Basis wirken.

Wenn sich der Hund oder die Katze nähert, dann streichel´ ich ihn und versuche Vertrauen aufzubauen. Ich rede dabei oder singe ganz leise. Ich sage ihm, wie toll er das alles macht und wie schön er ist.
Manche Tiere lassen sich bereits beim Streicheln Reiki geben, bei anderen muss ich die Hände ca. 5 bis 10 cm vom Körper weghalten und andere bleiben zwar sitzen, mögen aber meine heißen Hände nicht. Sie bekommen dann Fern-Reiki.

Häufig werde ich nach Fern-Reiki für Tiere gefragt, zur Unterstützung einer Genesung, beim Tierarztbesuch oder Operation. Das hat sich bisher auch als wirksam erwiesen und wird von den Tieren gut angenommen.

Manchmal dauert eine Anwendung 5 Minuten, manchmal 20 Minuten, d. h. wenn ich fremde Tiere behandele, ist es für mich persönlich schwierig, die Zeit einzuschätzen, die ich dafür brauche. Das Gespräch mit dem Besitzer, das Kennenlernen, die Anwendung, ein kleines Schlussgespräch, das kann schon mal anderthalb Stunden dauern.
Aber es ist eine so dankbare Aufgabe, dass die Zeit nun wirklich keine Rolle spielt. Viele Tiere geben dann soviel zurück, dass es mich häufig sehr berührt und glücklich macht.

Kinder und Heiltechniken

Als ich vor vielen Jahren noch als Erzieherin in sozialen Brennpunkten gearbeitet habe, kam es häufiger vor, dass Mädchen über Kopf- oder Bauchschmerzen klagten. Ich glaube, dass sie diese nur hatten, weil sie etwas mehr Aufmerksamkeit brauchten. Das verstand ich sehr gut und ich sah meinen Beruf auch so, dass ich den Kindern ein paar schöne Stunden bereite, bevor sie wieder in die teilweise sehr hässliche Realität zurück mussten.

So bemutterte ich die Lieben, sagte, leg dich doch ein wenig in die Puppenecke, ich koche dir einen Tee und lese dir dann etwas vor.

Ich kam dann mit einem Tee zurück, einem warmen, feuchten Waschlappen und einem Buch. Ich legte den Waschlappen auf die Stirn des Mädchens, hielt seine Hand und las ihm etwas Lustiges vor.

Und siehe da, nach so einer Behandlung ging es meinen kleinen Patienten schnell wieder besser.

Ich glaube, dass Liebe gerade bei Kindern eine große Rolle spielt und sie dadurch geheilt werden. Und es ist sehr wichtig, Kinder ernst zu nehmen: sich ihre Nöte anzuhören, bei Körperkontakt, wenn sie auf den Schoß möchten, nicht abzulehnen und ihnen kleine Wünsche zu erfüllen (wie z.B. etwas vorlesen oder gemeinsam auf den Spielplatz gehen oder ein Spiel spielen).

Anderen Kindern, denen ich Reiki schicke, wissen, was ich mache, weil ich es ihnen vorher erkläre. Genau wie bei Tieren, bevorzuge ich es auch bei Kindern, Reiki zu geben. Kleine schamanische Techniken wie Räuchern oder Rasseln sind auch noch o.k. Alles andere könnte die meisten Kinder überfordern, weil die meisten ja nicht in diesem magischen Kontext aufwachsen. Es sei denn, es sind deine eigenen Kinder, dann kennen sie ja deine magischen Tätigkeiten.

Bei fremden Kindern ist es immer besser, die Heiltechnik anzuwenden, die auch die Eltern kennen. Es sei denn, du machst ein Hexenritual, bei dem du sowieso alleine agierst.

Stellt sich auch hier wieder die Frage, ob ich denn einfach so helfen darf, wenn eine Mutter eine Heilanwendung für ihr Kind haben möchte. Darf sie in diesem Fall einfach über das Kind hinweg entscheiden? Da sie die Verantwortung für ihr Kind trägt, finde ich es in Ordnung. Wenn das Kind schon ein wenig älter ist, kann es ja auch gefragt werden, ob es eine Anwendung möchte.

Allerdings stelle ich die Bedingung, dass das Kind bereits ärztlich behandelt wird, bevor ich tätig werde.

In einigen Fällen werde ich gefragt, ob auch Kinder in Reiki eingeweiht werden dürfen. Ich persönlich finde das sehr vernünftig, allerdings nur in den ersten Grad und ab frühestens dem sechsten Lebensjahr[101]. Es ist wichtig, dass auch Kinder schon so früh wie möglich lernen können, das Richtige für sich zu tun, wenn sie sich unwohl fühlen. Natürlich ersetzt das keinen Arztbesuch, aber sie können schon frühzeitig die Verantwortung für das übernehmen, was ihnen guttut und was nicht. Die Voraussetzungen für eine Einweihung bei einem Kind sind,

1. dass es körperlich, seelisch und geistig gesund ist und
2. sich freiwillig einweihen lässt.

Eine Einweihung ist eine wundervolle Erfahrung, die nur dann wirken kann, wenn jemand sie aus tiefstem Herzen wünscht.

Kinder lieben das Handauflegen. Wenn ein Kind sich verletzt hat, legt es automatisch die Hand auf die schmerzende Stelle und spürt eigentlich ziemlich schnell, wie der Schmerz dadurch nachlässt.
Mache einfach einmal mit deinem Kind den Energietest mit dem Händereiben und dann die Handflächen zueinander führen. Frage nach, was es spürt und was es fühlt, wenn es seine Hände dann bei sich auflegt. Das wäre die einfachste Form des Handauflegens, die bei Naturtalenten genauso hilfreich ist wie Reiki.

[101] Weitere Grade ab dem 18. Lebensjahr.

Anhänge

Anhang 1: Korrespondenzen

Tierkreiszeichen – Zuteilung der entsprechenden Körperteile

Tierkreis-zeichen	**Element**	**Monat**	**Körperteil**
Widder ♈	Feuer	21. März - 20. April	Kopf, Galle, Gehirn, Gesicht.
Stier ♉	Erde	21.April - 20. Mai	Hals, Nacken, Ernährung.
Zwillinge ♊	Luft	21. Mai - 21. Juni	Schultern, Arme, Hände, Luftröhre, Bronchien, Lunge, Nerven.
Krebs ♋	Wasser	22. Juni - 22. Juli	Magen, weibliche Brust, Verdauung.
Löwe ♌	Feuer	23. Juli - 22. August	Herz, Kreislauf, Solar Plexus, Augen, Rücken.
Jungfrau ♍	Erde	23. August - 22. September	Oberes Verdauungssystem, Dünndarm.
Waage ♎	Luft	23. September - 22. Oktober	Nieren, Blase, Haut, Lumbarregion.
Skorpion ♏	Wasser	23. Oktober - 21. November	Sexualorgane, Dickdarm.
Schütze ♐	Feuer	22. November – 21. Dezember	Hüfte, Oberschenkel, Arterien, Leber.
Steinbock ♑	Erde	22. Dezember - 20. Januar	Knie, Wirbelsäule, Skelett, Haut, Milz.
Wassermann ♒	Luft	21. Januar - 19. Februar	Unterschenkel, Nervensys-tem, Knöchel, Kreislauf.
Fische ♓	Wasser	20. Februar - 20. März	Zehen, Füße, Lymphsystem.

Lenormand-Karten zur Diagnosebestimmung

1	Reiter	Fuß- und Kniegelenke
2	Klee	Gutes Allgemeinbefinden
3	Schiff	Leber, Galle, Milz, Bauchspeicheldrüse
4	Haus	Astralkörper, Beziehungshaus
5	Baum	die Gesundheit
6	Wolken	Lungen, Atemwege
7	Schlange	Dickdarm
8	Sarg	Krankheit
9	Blumen	gutartiges Gewächs
10	Sense	Zähne, Verletzung
11	Ruten	Muskeln und Sehnen, Lunge
12	Vögel	Nerven
13	Kind	Wachstum
14	Fuchs	Nase, Ohren
15	Bär	das Alter
16	Sterne	Haut
17	Storch	Beine, Schwangerschaft
18	Hund	Mund, Zunge, Stimmbänder
19	Turm	Wirbelsäule
20	Park	sich öffnen
21	Berg	Kopf
22	Weg	Adern, Lymphknoten
23	Mäuse	Magen, Dünndarm
24	Herz	Herz, Blut, Kreislauf
25	Ring	chronisch
26	Buch	das Unbewusste
27	Brief	vorübergehender Zustand
28	Herr	
29	Dame	
30	Lilie	Hormone
31	Sonne	Augen
32	Mond	psychosomatisch, der weibliche Zyklus
33	Schlüssel	Vitamine, Mineralien, Spurenelemente
34	Fische	Nieren, Blase
35	Anker	Becken und Hüfte
36	Kreuz	Bandscheiben, unterer Rücken

Heilrunen

Fehu –	ᚠ	Fruchtbarkeit, Gesundheit, Immunsystem, der ganze Körper.
Uruz –	ᚢ	Stärkung der Willenskraft, Heilung, Wasser, Gesundheit, Energie, Blut, Wasserhaushalt.
Thurisaz –	ᚦ	Schutz, aktive Verteidigung.
Ansuz –	ᚨ	zur Verstärkung von Zaubersprüchen, Atemübungen, Heilungsmagie durch Hauchen – Anpusten, Stimme, Atem, Bronchien, Lunge.
Raidho –	ᚱ	Bewegung, Beine, Füße.
Kenaz –	ᚲ	Reinigung, Entzündung, Transformation, Reneration, Heilung, Kerzenmagie.
Gebo –	ᚷ	sexuelle Heilung, Hilfe aller Art.
Wunjo –	ᚹ	Heilungsmagie, vertreibt unerwünschte Energien, gibt Freude am Leben, Harmonie, Herz, Humor.
Hagalaz –	ᚺ	Schutz, Heilung, Transformation, Heilung von Seele, Geist und Körper.
Naudhiz –	ᚾ	geht der Krankheit auf den Grund.
Isa –	ᛁ	Kälte, Langsamkeit, Stille, Stillstand, bei Fieber oder Entzündungen.
Jera –	ᛃ	Schaffung von Frieden, beschützt den gesunden Körper.
Eihwaz –	ᛇ	Schutz, Bannung, Skelett.
Perthro –	ᛈ	gibt Hinweis auf Krankheit, Diagnose.
Elhaz –	ᛉ	Schutz, unterstützt magische Arbeiten, erfolgreiche Zauber.
Sowilo –	ᛊ	Sonnenmagie, Heilungszauber, Aktivität, Lebenslust, Kraft, Energie, Heilung, Sonne bei leichten Erkältungen einsetzen, um Erreger auszuschwitzen.
Tiwaz –	ᛏ	unterstützt und entsendet Zauber, Hilfe und Unterstützung.
Berkano –	ᛒ	Übergangsrituale, weibliche Genitalien, Heilung.
Ehwaz –	ᛖ	Übertragung von magischen Kräften und Fähigkeiten, Vertrauen, Fernheilung.
Mannaz –	ᛗ	heilige Verbindung, Menschlichkeit, soziales Verhalten, auf den Körper hören, hineinhorchen, er weiß am besten, was ihm fehlt
Laguz –	ᛚ	Reinigung, Heilung, alles, was im Fluss bleiben soll, Gefühle, Kräutermagie, Pflanzenmagie.
Ingwaz –	ᛜ	Fruchtbarkeitsmagie, Freude am Leben, männliche Genitalien.
Dagaz –	ᛞ	Magie, Wechsel zwischen Anspannung und Entspannung, Ausgeglichenheit.
Odhala –	ᛟ	Verbindung zur Erde und zu den Ahnen aufnehmen, Rituale, Kraftplatz, eine gesunde Lebensführung.

Astrologische Korrespondenzen

Tag	Planet & Zeichen	Steht für	Farbe	Kraut	Göttin
Sonntag	Sonne ☉	Heilung allgemein.	Gelb	Weihrauch	Isis
Montag	Mond ☽	Heilung, Hormone, Gefühle, Depressionen, Entbindung, Menstruation, Klimakterium.	weiß	Salbei, Beifuß	Diana
Dienstag	Mars ♂	Lebenskraft.	Rot	Löwenzahn, Brennnessel, Rosmarin	Morrigan
Mittwoch	Merkur ☿	Gesundheit, Medizin, Operationen, Bestrahlungen, Chemotherapie (bei Krebs, Aids, Schmerzen).	Orange	Kamille, Melisse	Brigid
Donnerstag	Jupiter ♃	Glück, Recht, Schicksal.	Grün	Basilikum	Lakshmi
Freitag	Venus ♀	Liebe, Schwangerschaft, Beziehungen.	Rosa	Lavendel, Rose	Umaj
Samstag	Saturn ♄	Traumata, Tod, Trauer, Einschränkungen, Hindernisse.	Schwarz, dunkelblau	Holunder, Thymian, Baldrian	Hekate, Hel

Farben

Farbe	Eigenschaft	Hilft bei
Blau	Kühlend, hemmt, bringt zum Stillstand, Ruhe, Entspannung.	Entzündungen, Fieber, Tumoren, Geschwüre, Hitzewallungen, Schmerzen, hellblau entspannend für die Augen, bei Unruhe, Halsschmerzen, Verbrennungen, allgemeine Erschöpfungszustände, Zahnweh, Krampfadern, zu hoher Blutdruck, Vergiftung, Durchfall, Unfall (Beruhigung), Geschwüre, Akne, Pickel, Störungen des Bewegungsapparates (Knochen, steifer Nacken, Hexenschuss), Schnupfen.
Gelb	Etwas beschleunigen, stärkt die Nerven, Lösungen sind leichter zu finden, unterstützt das Denken, stimuliert das Gehirn, stärkt und baut auf, leicht anregend.	Energieverlust, Kommunikationsstörungen, Depressionen, Verdauungsstörungen.
Grün	Gleichgewicht schaffen, beruhigend.	Gesundungsprozesse, Unterstützung für das Immunsystem, Herzbeschwerden und Nervosität, entspannend für die Augen, Schlafstörungen, Zorn, Wut, Krebs, Unfall, Geschwüre, Allergien, Aids, Schwindel, Kopfschmerzen, Überarbeitung, Stress, Unfall (Ausgleich).
Lila/ Violett	Je dunkler diese Farbe ist, desto ausgleichender kann sie wirken.	Finden der eigenen Spiritualität und/oder des Glaubens, Kopfschmerzen, auch Migräne, Depressionen, Schwierigkeiten, Veränderungen anzunehmen, Insomnia, Kopf- und Hirnverletzungen, Bluthochdruck.
Orange	Belebend.	Depressionen, Verspannungen, Verstopfung, Ohrenprobleme, körperliche Erschöpfungszustände, Hauterkrankungen, Husten.
Rosa	Wirkt ausgleichend, beruhigend.	Disharmonie, Unruhe, Aggressivität, Schlafstörungen, Krebs, Immunsystem, Allergien, Unfall (Ausgleich).
Rot	Stark anregend.	Liebe, sexuelles Verlangen und Fruchtbarkeit steigern, allgemeine Belebung und Stärkung bei Kraftlosigkeit, Energieschwund, Lustlosigkeit, niedriger Blutdruck, Durchblutungsstörungen, Impotenz, Immunsystem.
Schwarz	Ruhig.	Krankheit bannen.
Weiß	Beruhigend.	Krankheit aufhalten, für jede Farbe einsetzbar.

Liste der Elemente

Elemente	Luft	Feuer	Wasser	Erde
Himmelsrichtung	Osten	Süden	Westen	Norden
Diagnostik	Sprechen, Denken, Atmen, Gehirn, Klarheit, Hals, Kopf, Bronchien	Vitalität, Depressionen, Transformation, Wärme, Licht	Blut, Kreislauf, Emotionen, Kälte, Feuchtigkeit, Bauch	Der gesamte Körper, Knochen, Ernährung, Beständigkeit
Ritualgegen-stand	Räucherung, Athame, Schwert	Kerze, Zauber-stab	Wasser, Kelch, Kessel	Salz, Stein
Ritual im Freien	Wind, Feder, Trommel oder Rassel	Stock, Stab	Regen, Tau, Bach, Teich, See, Meer	Stein, Erde, Sand,
Tageszeit	Morgen	Mittag	Abend	Nacht
Tarot	Schwerter	Stäbe	Kelche	Münzen
Tierkreiszeichen	Wassermann, Waage, Zwil-ling	Löwe, Widder, Schütze	Krebs, Fische, Skorpion	Jungfrau, Stier, Steinbock
Farben	Gelb	Rot	Orange	Schwarz
Geistwesen	Drachen, Elfen, Feen, Sylphen	Salamander	Undinen, Nymphen, Meerjungfrauen, Flussgeister	Kobold, Trolle
Göttin	Isis	Freyja	Kuan Yin	Hekate
Orte	Wald, Heide, Strand	Wüste, Steppe	Alle Arten von Gewässer, Wald	Wald, Höhlen
Tiere	Vögel, Schmetterlinge, Insekten	Löwe, Widder, Hirsch	Fische, Delfine, Katzen	Bär, Reh, Ziege, Wolf, Schaf

Anhang 2: Kräuterliste

Anmerkung: Ich verwende die meisten der hier aufgeführten Pflanzen als reine Energieträger. Einige von den genannten sind *sehr giftig, psychoaktiv oder unverträglich.* Wenn du dich mit Pflanzen beschäftigen möchtest, ist ein gutes Kräuterhandbuch[102] unerlässlich. Diese Liste ist lediglich für die erste Orientierung gedacht.

Alant:	Wird auch Odins Auge oder Kopf genannt, wirkt schweißtreibend bei Entzündungen im Körper und schleimlösend bei Husten, wehrt unangenehme Energien und Dämonen ab, hilft bei Besessenheit.
Aloe:	Wirkt heilend auf der Haut u.a. bei Sonnenbrand, wirkt bei Verstopfungen, schützt vor unerwünschten Energien.
Alpenveilchen:	Schützt die Schlafenden, verhindert schwarzmagische Angriffe.
Alraune:	Wirkt als Schlafmittel, bietet Schutz vor unerwünschten Geistern, Puppenzauber.
Andorn:	Wirkt bei Appetitlosigkeit und Menstruationsbeschwerden, wirkt schleimlösend, bietet Schutz vor magischen Angriffen, Heilung, Austreibung.
Anis:	Wirkt bei Appetitlosigkeit, Bauchkrämpfen und Einschlafstörungen, Husten und Magenbeschwerden, bei Menstruationsbeschwerden und Lustlosigkeit, fördert die Gesundheit und löst Probleme in Luft auf.
Apfel:	Wirkt bei Entzündungen, Durchfall, unterstützend bei Lungenkrankheiten wie z. B. chronischer Bronchitis und Husten (wegen des hohen Catechingehalts), fördert die weibliche Fruchtbarkeit, steht für Schutz, fördert die Gesundheit, weckt magische Kräfte.
Arnika:	Entzündungshemmend, hilfreich bei blauen Flecken und Verstauchungen, Geldzauber.
Augentrost:	Hilft bei Augenentzündungen, fördert übersinnliche Fähigkeiten und hilft die Wahrheit aufzudecken.
Bärlapp:	Hilft bei Verletzungen, verleiht Schutz und Macht.
Baldrian:	Wirkt bei nervösen Einschlafschwierigkeiten, Prüfungsängsten, zu hohem Blutdruck, Panikanfällen, Schwindel, beruhigt bei starken Schmerzen (Menstruationskrämpfe, Rheuma), Erste Hilfe bei Schockerlebnissen (Unfall, Traumata), gegen Ängste, weckt Harmonie, schützt den Schlaf, Schutz bei magischen Angriffen.

[102] Empfehlenswerte Bücher:

1. Heilkräuter und Zauberpflanzen: zwischen Haustür und Gartentor von Wolf-Dieter Storl.
2. Medizin der Erde: Heilanwendung, Rezepte und Mythen unserer Heilpflanzen von Susanne Fischer-Rizzi.
3. Die BLV-Enzyklopädie der Heilpflanzen von Andrew Chevallier.
4. Der neue Kosmos-Heilpflanzenführer: Über 600 Heil- und Giftpflanzen Europas von Peter und Ingrid Schönfelder.

Basilikum:	Wirkt bei Diabetes (senkt den Blutzuckerspiegel), bei fiebrigen Infektionen, Husten, bei Mundgeschwüren, Hautkrankheiten und Insektenstichen, verringert Spermien, Schutz für alle Wesen, fördert die Fruchtbarkeit.
Beifuß:	Wirkt bei Menstruationsbeschwerden, geschwollenen Füße, aktiviert die Verdauung, hilft bei schamanischen Reisen, den Weg wieder in das Diesseits zu finden, als Hilfe beim Übertritt von Schwellen (Geburt, Tod, Menstruation), hochwirksam bei der Austreibung von krankmachenden Geistern, fördert übersinnliche Fähigkeiten, verbindet uns mit unseren Ahnen, Reinigung, Schutz – Kraut der Göttin Diana – Diania nannten die Römer dieses Kraut.
Beinwell:	Fügt die Knochen wieder zusammen, bietet Schutz und Sicherheit.
Belladonna:	Siehe Tollkirsche
Bilsenkraut:	Schmerzmittel, wurde als Kräuterzigarette bei Asthma geraucht, gilt als ältestes Narkotika (betäubend, schlafffördernd), hilft bei Epilepsie, Ohrenschmerzen, Bronchitis und Augenentzündungen, magisch hilft es der Liebe auf die Sprünge, Regenzauber.
Birke:	Wirkt als Tee reinigend auf den Körper, mit Birkenzweigen treibt man unerwünschte Geister aus, bietet Schutz.
Blaubeere:	Schützt vor schwarzmagischen Angriffen und Flüchen, bietet Schutz vor unerwünschten Energien.
Bohnen:	Wirkt bei Impotenz, schützt vor schwarzmagischen Angriffen und Flüchen, bietet Schutz vor unerwünschten Energien (in Rasseln), heilt Warzen.
Brennnessel:	Wirkt als Haarwuchsmittel, Kräuterbad zur Erfrischung, als Tee zur Blutreinigung und Entschleimung der Lunge bei Husten, Saft gegen Zahnfleischbluten, Wundbehandlung und bei starken Menstruationsblutungen (blutstillend), gut bei Rheuma, aktiviert die grauen Gehirnzellen, wirkt bei Heuschnupfen und Hautausschlag, starke Reinigung, Abwehr, weckt die Kriegerin in dir.
Cayenne Pfeffer:	Bekämpft Magen-Darm-Infektionen, regt den Kreislauf an, hilft bei Schmerzen und Krämpfen, schweißtreibend bei Fieber; schmerzlindernd bei Halsschmerzen (gurgeln), gibt Kraft und schafft Ordnung.
Damiana:	Aphrodisiakum, hilft bei Depressionen, wirkt antiseptisch bei Blasenentzündungen, steht in der Magie für Liebe, sexuelle Lust und Visionen.
Distel:	Wirkt bei Leberleiden und Verdauungsschwierigkeiten, hält unerwünschte Energien fern, zum Austreiben krankmachender Wesen.
Drachenblut:	Schützt, vertreibt alles an unerwünschten Energien und Wesen.
Eberesche:	Wirkt bei Leberleiden und Verdauungsschwierigkeiten (Verstopfung), unterstützt Heilungsprozesse.

Eiche: Eichenrinde hilft bei Entzündungen im Mund und Hals, bei Magenbeschwerden und Durchfall, heilt Wunden, Eicheln wirken gegen Krankheiten und Schmerzen, fördern die sexuelle Kraft.

Ei: Nimmt unerwünschte Energien auf.

Eisenkraut: Wundheilmittel und Geburtserleichterung, unterstützt als Räucherung Rituale und das Wahrsagen, beschützt die Schlafenden.

Engelwurz: Hilft bei Magen-Darmbeschwerden und Husten, unterstützt das Immunsystem, für Schutz und Abwehr Zauber, befreit von schwarzmagischen Angriffen und Flüchen aller Art.

Enzian: Wirkt bei Appetitlosigkeit, Völlegefühl und Blähungen, befreit von schwarzmagischen Angriffen und Flüchen aller Art.

Eukalyptus: Wirkt als Tee bei Zahnkrankheiten, Blätter zur Herstellung von Zigaretten gegen Asthma und Bronchitis, gut bei Erkältungen und Halsschmerzen, schleimlösend bei Erkältungen, schmerzlindernd bei Rheuma, Schutz, Exorzismus auch gegen ganz hartnäckige Geister.

Fenchel: Hilft bei Blähungen, Magen-Darm-Erkrankungen, Asthma, weckt sexuelle Kräfte, Augenentzündungen, steigert die Milchproduktion, Schutz wehrt unerwünschte Energien ab, sorgt für Frieden.

Fingerhut: Hilft bei Herzschwäche, stärkt das Herz, senkt den Blutdruck, schützt gegen den bösen Blick.

Fliegenpilz: Schamanische Trancepflanze der sibirischen Schamanen, wird als Fliegenfänger eingesetzt, bringt Glück und Fruchtbarkeit. (Giftig!)

Frauenmantel: Hilft bei typischen Frauenbeschwerden während der Menstruation, für Männer ein Mittel zur Erhaltung der Potenz.

Gänsefingerkraut: Wirkt krampflösend bei Magen- und Unterleibskrämpfen, blutreinigend, wehrt Flüche ab und enttarnt böse Wesen.

Geranie: Geranienblätter helfen bei Ohrenschmerzen, rote Geranienblüten geben Schutz und stärken die Gesundheit.

Gewürznelken: Wirkt bei vielen Krankheiten, regen Gehirntätigkeiten an, magenstärkend, wirkt betäubend bei Zahnschmerzen, wirkt reinigend, schmerzlindernd bei seelischem Schmerz, wehrt schlechte Einflüsse ab.

Gras: (Auch Süßgras genannt – lateinisch Poaceae – das Sweetgras gehört auch zu dieser Familie, ist aber eine nach Vanille riechende Art) hilft bei Haarausfall, bietet Schutz und vertreibt unerwünschte Energien.

Gundelrebe: Auch Gundermann genannt, hilfreich bei Fieber und Husten, wenn du spürst, dass jemand Magie gegen dich anwendet, dann hilft dir diese Pflanze herauszufinden, wer das macht.

Hagebutte: Stärkt das Immunsystem, gut bei Keuchhusten, Nierenentzündung, Blasenentzündung, Abwehr von unerwünschten Geistern und Energien, Schutz.

Hanf: Wirkt appetitanregend bei schweren Krankheiten wie Krebs und Aids, Hanfruten wirken gegen unerwünschte Geister und Krankheiten.

Haselnuss: Zum Blutstillen und Fieber senken, Nüsse für Fruchtbarkeit.

Henna: Schützt die Haut, schützt vor Krankheiten im Allgemeinen.

High John: Im esoterischen Bereich als High John the Conquerer Wurzel bekannt, weiteres findest du unter Jalape.

Holunder: Besonders gut für die Abwehrkräfte, bei Erkältung und Grippe, gegen Ängste bei Dunkelheit, öffnet die Tore zur Anderswelt.

Huflattich: Hilft bei Husten, schenkt Ruhe und Frieden sowie Visionen, Liebeszauber.

Ingwer: Wirkt bei Verspannungen und ist schmerzstillend, stärkt den Magen und regt den Kreislauf an, gut gegen Reisekrankheit, Fieber, wirkt schweißtreibend wärmend bei Erkältungen, wirkt wie ein Beschleuniger (gemahlen) bei allen Zaubern; Geldzauber, Puppenmagie (Wurzel).

Jalape: Wurde früher bei Darmbeschwerden eingenommen, ist aber heutzutage wegen der Nebenwirkungen nicht mehr im medizinischen Gebrauch. Diese Pflanze ist als High John the Conquerer bekannt und wird magisch für die Liebe, Geld und gute Geschäfte eingesetzt, ist hilfreich in Situationen, in denen man befürchtet, die Kontrolle zu verlieren. Wer im Garten die Prunkwinde bzw. Prachtprunkwinde hat, kann die Wurzeln für all diese Zwecke trocknen und/oder ihre Samen in einem Beutelchen gegen Alpträume einsetzen.

Kakao: Herzstärkungsmittel, da er anregend wirkt, Kakaobutter hilft bei rissigen Lippen, Extrakte helfen bei Furunkeln, Nahrung und Fitmacher für Körper und Seele, klarer Kopf, klare Gedanken, weckt Sehnsüchte, bringt Verborgenes ans Tageslicht, gut gegen Schwarze Magie und Flüche.

Kamille: Wirkt schweißtreibend, findet Verwendung als Wundmittel, Husten, gegen Menstruationskrämpfe, wirkt entspannend bei Kopfschmerzen und Ängsten, gegen Pickel, als sehr starker Tee gut als Spülung bei Zahnfleischentzündungen, sorgt für Frieden.

Kampfer: Hilft bei Erkältungen und Bronchitis, wirkt schmerzstillend, reinigt und schützt, unterstützt sexuelle Enthaltsamkeit.

Kartoffel: Sie vermindern Magensäure, Presssaft hilft bei Magengeschwüren, roher Kartoffelbrei hilft bei Gelenk- und Kopfschmerzen und Hautausschlag, Kartoffelschalen lindern geschwollenes Zahnfleisch und Verbrennungen, Schutz, Kartoffelfiguren für Puppenmagie.

Knoblauch: Wirkt als natürliches Antibiotikum, Wundbehandlung, gegen viele Infektionen: Erkältungen, Grippe, Scheidenpilz, Pickel und Herpes; gegen Darmparasiten, gut bei zu hohem Blutdruck und Cholesterin, heiße Energie, wehrt Unheil ab, gibt Mut und fördert die Gesundheit.

Lärche: Wirkt heilend bei Atemwegserkrankungen, für mehr Vitalität, beschützt die Tiere, Schutz im Allgemeinen.

Lavendel: Schmerzlindernd bei Migräne, gegen Blähungen, verdauungsfördernd, gegen nervöse Störungen und Kopfschmerzen, die durch Stress ausgelöst wurden, senkt den Blutdruck, wirkt blutreinigend, Wundheilung von Insektenstichen, gegen Kopfläuse und Mücken, hilft beim Einschlafen, wehrt bösen Blick ab, für Visionen und Inspiration (z.B. räuchern), Reinigung.

Linde: Stärkt den Schlaf, lindert Fieber und Krämpfe, stärkt das Zahnfleisch, unter einer Linde kann man Botschaften aus der Geisterwelt empfangen, da in jeder heiligen Linde ein guter Geist sitzt.

Löwenzahn: Stärkt die Abwehrkräfte, wirkt blutreinigend, entgiftend, harntreibend, regt die Verdauung bei Verstopfung an, gegen Appetitlosigkeit und senkt den Blutdruck, fördert die eigene Kraft, Stärke, Widerstandskraft, Kommunikation, gegen Ängste und für Mut.

Maiglöckchen: Wirkt bei Herzschwäche, senkt den Blutdruck, hilft beim Erinnern und Lernen, sie wird auch als Marienblume bezeichnet und ist deshalb ein Symbol für Demut und Bescheidenheit sowie für keusche Liebe. (Giftig!)

Majoran: Dämpft die Libido, hilft bei Blähungen, Husten, Kopfschmerzen und Angstzuständen, bietet Schutz und bringt angenehme Träume.

Malve (rot): Schützt die Schleimhäute, als Umschlag wirkt sie abschwellend, zusammen mit Eukalyptus gut gegen Husten, bietet Schutz, zieht Gifte und unerwünschte Energien heraus.

Mate: Gegen Ermüdung (wegen des hohen Koffeingehaltes), schwach schmerzstillend bei Kopf- und Rheumaschmerzen; Stimmungstiefs, schwach harntreibend, steht für geistige Energie, körperliche Kraft, Durchhaltevermögen.

Melisse: Ist hilfreich bei Bluthochdruck, Schlaflosigkeit und Nervosität, hilft gegen Stress und bringt die Sonne in unser Herz.

Möhre: Entgiftet vor allem bei Blasenentzündungen, Blähungen und Bronchitis (Samen), stärkt das Sehvermögen, als Brei bei Verbrennungen und zur Wundheilung, Puppenmagie, stärkt den Durchblick – Klarheit in schwierigen Situationen, Verbindung in die Tiefe.

Muskatnuss: Hilft bei Magenbeschwerden, Krämpfen und Blähungen, steigert die Libido, Schutz in Träumen.

Myrrhe: Bei Zahnfleischentzündungen, wirkt desinfizierend und balsamisch, ist für meditativen Stunden gedacht, in denen man sich für die geistige Welt öffnen möchte.

Narde: Auf dieses Öl bin ich „zufällig“ gestoßen, als ich um göttliche Hilfe bat. Es gibt Ruhe und Frieden, senkt den Blutdruck und nimmt auch den Druck von der Seele. Narde ist eine verwandte Art des Baldrians, wirkt beruhigend, nervenstärkend und heilend auf Hautirritationen. Man sagt auch, dass es einem dabei hilft, den eigenen spirituellen Weg weiterzugehen und bei Meditationen den Geist beruhigt. Es ist das Salböl, mit dem u.a. Maria Magdalena Jesus die Füße gesalbt hatte.

Olibanum: Auch Weihrauchharz: schützt das Immunsystem und somit vor Infektionskrankheiten, hilft in Form von Tabletten bei Rheuma, Gelenkentzündungen, Pollenallergien; hilft als Öl bei Herpes, Warzen, Akne; das Harz wird bei Zahnfleischentzündungen gekaut, Gabe an die Göttin, Ritualräucherung, Vertreibung von unerwünschten Energien, Heranziehen von erwünschten Energien, zur Entspannung (auch von unangenehmen Situationen).

Oregano: Auch Wilder Majoran: wirkt antibiotisch und bietet Schutz.

Patchouli: Hilft bei Stimmungstiefs, Kopfschmerzen, Fieber, Akne und Krampfadern, aktiviert die Libido, sorgt für gute Laune.

Petersilie: Hilft bei Blähungen, Rheuma und Menstruationsbeschwerden, harntreibend. Bietet Schutz, unterstützt Kommunikation und hält unerwünschte Ereignisse fern.

Pfeffer: Wirkt anregend und antiseptisch auf den Magen, erwärmt den Körper, fiebersenkend, unterstützt die Verdauung, gegen Appetitmangel, gegen Zahn- und Rheumaschmerzen, bietet Schutz, Abwehr von unerwünschten Energien, fördert die Motivation.

Pfefferminze: Erfrischt und wirkt kühlend bei heißem Wetter, krampflösend, schmerzstillend bei Bauchschmerzen, gut bei Durchfall, bietet Schutz und wird zu Reinigungen eingesetzt.

Rosmarin: Verbessert die Gedächtnisleistung (räuchern), erhöht die Konzentrationsfähigkeit, gut gegen Stress und Stimmungstiefs, weckt die Lebensfreude, lindert PMS, Rheuma- und Kopfschmerzen, gegen zu niedrigen Blutdruck, stärkt den Körper nach langen Krankheiten.

Salbei: Gegen Stimmungstiefs und Albträume, lindert Beschwerden während der Wechseljahre, Heilung (Mundhygiene), gegen Halsschmerzen und Menstruationskrämpfe, unterstützt das Immunsystem, in einer Tabakmischung gegen Asthma, wirkt antiseptisch bei Insektenstichen, der Klassiker unter den magischen Schutzpflanzen Europas, fördert die Fruchtbarkeit, Aphrodisiakum (Blätter kauen), Kraut der Nornen, Langlebigkeit; für Übergangsrituale wie neuer Lebensabschnitt, Tod etc.; schützt vor Flüchen und dem Bösen Blick.

Sandelholz: Hilft bei Erkältungen, Magenbeschwerden und Hautkrankheiten, fördert die kreativen und schöpferischen Kräfte im Menschen, schenkt Ruhe und Frieden.

Schafgarbe:	Reguliert die Menstruation, fördert die Wundheilung, blutdrucksenkend, hilft bei Erkältungen und Grippe, vertreibt unerwünschte Energien, gibt dir Mut und Courage, fördert magische Fähigkeiten, Liebeszauber.
Schlüsselblume:	Wirkt bei Lungenkrankheiten und Depressionen, sie öffnet die Herzen, um Liebe und Freundschaften hinein zu lassen. Ermöglicht Kontakt zu den Verstorbenen, auf der anderen Seite kann sie dafür sorgen, dass man keinen unerwünschten Besuch von ihnen erhält. Sweetgras (oder auch Mariengras, lateinisch Hierochloe odorata) hilft bei Erkältungen und Fieber, zieht die guten Geister an.
Schöllkraut:	Hilfreich bei Depressionen und Hauterkrankungen, wirkt mild auf Bronchien, Darm und andere Organe, Schutzmagie.
Stechapfel:	Als Kräuterzigarette bei Asthma, ansonsten bei Magen- und Darmbeschwerden sowie Schlafstörungen, Schutz vor Flüchen und unerwünschten Energien. (Giftig!)
Stechpalme:	Bietet Schutz, ist der Glücksbringer zur Wintersonnenwende, Traummagie.
Tabak:	Wirkt abführend und reinigend, „Futter für die Geister“, Heilung, Reinigung. (Giftig!)
Teufelsdreck:	Wirkt krampfstillend bei Magenbeschwerden, Sedativum (Beruhigungsmittel) bei Neurosen, bietet Schutz, treibt unerwünschte Geister aus.
Thymian:	Frische Blätter bei Halsschmerzen, räuchern bei Husten, Bad bei Rheuma, gegen viele Infektionen, befreit von Schleim, Kopfschmerzen und Schlafstörungen, hilft bei Insektenstichen, stärkt das Immunsystem(z. B. auch gegen Pilze), gibt Mut und Schutz, Balsam für die Seele – gibt Kraft nach langen Krankheiten und Traumata.
Tollkirsche:	Wirkt beruhigend auf das Herz und die Verdauung, gegen Schwitzanfälle, schenkt Visionen und ist bei Astralprojektionen hilfreich, hilft der Schönheit auf die Sprünge. (Giftig!)
Vanille:	Bringt Harmonie und Freude.
Wacholder:	Lindert Blähungen und Blasenentzündungen, beruhigt den Magen, stimuliert die Menstruation, wirkt harntreibend und antiseptisch, schützt vor unerwünschten Geistern und zieht die guten Geister an.
Waldmeister:	Wirkt beruhigend, aphrodisierend, harn- und schweißtreibend und krampflösend, für die Kontaktaufnahme mit Waldgeistern.
Wassermelone:	Ist für viele typische Sommerkrankheiten gut, z. B. Durchfall, übermäßiges Schwitzen, wirkt kühlend, harntreibend und nierenreinigend; bei Sonnenbrand Fruchtfleisch auf die verbrannten Hautpartien legen, Reinigung.

Weintrauben: Früchte stärken den Körper bei Blutarmut, Magen-, Darm- und Lebererkrankungen; die dunklen Blätter bei Durchfall und starken Monatsblutungen, als Spülung bei Mundgeschwüren und Scheidenausfluss; Rosinen erleichtern das Husten, da sie schleimlösend wirken, anziehen von guten Geistern.

Weißdorn: Herzstärkende Wirkung und bietet Schutz.

Wermut: Hilft bei schlechtfunktionierender Verdauung, regt die Magensäfte an, gegen Infektionen, Blähungen und Stimmungstiefs, kräftigt den Körper nach schweren Krankheiten, stärkt die eigene Kraft, bietet Schutz, zieht gute Geister an, Wermut ist Bestandteil von Absinth.

Zimt: Als Aufguss bei Erkältungen, senkt Fieber und Blutdruck, regt die Verdauung, Blutzirkulation und Menstruation an, wirkt magenstärkend, als Öl bei Wespenstichen, wirkt stark gegen unerwünschte Energien.

Zitrone: Wirkt fiebersenkend und reinigend bei Infekten, wirkt lindernd bei Rheuma, als Saft gegen Krampfadern, Zahnfleischbluten, Fußpilz, Insektenstichen, Warzen, Halsschmerzen, Pickel und Herpes, wehrt unerwünschte Energien ab.

Zwiebel: Regt die Verdauung und den Kreislauf an, hilft als Saft bei Husten, äußerlich bei Pickeln, blauen Flecken und Insektenstichen, Infektionen im Mund, angewärmter Saft als Ohrentropfen, Rheumamittel, zieht Eiter aus Wunden, hilft bei verstopfter Schnupfennase, nimmt unerwünschte Energien auf.

Anhang 3: Göttinnen der Heilkunde

Airmed: Irische Göttin der Magie und des Heilkräuterwissens. Als ihr Bruder Miach starb, begrub sie ihn. Auf seinem Grab wuchsen viele Pflanzen, die sich Airmed offenbarten. So lernte die Göttin der Tuatha Dé Danann (das Volk der Göttin) alles über die Kräuter und ihre Anwendung.

Ajysyt: Jakutische Göttin der Geburt. Sie sorgte dafür, dass die Kinder gesund zur Welt kamen. Wenn sie das getan hatte, hauchte sie dem neuen Erdenbürger eine Seele ein.

Angitia: Italische Göttin der Heilung und der Magie. Sie wurde bei dem Volk der Osker für ihre Heilkünste und Zaubersprüche verehrt. Bevor sie zur Göttin wurde, war sie die griechische zauberkundige Medea.

Artemis: Griechische Göttin der Jagd und der Fruchtbarkeit. Sie unterstützt die Fortpflanzung bei Tieren und Menschen, angefangen vom Beischlaf bis zur Geburt. Sie gab dem Beifuß ihren Namen Artemisia.

Brigid: Keltische Göttin der Heilung und Dichtkunst. Sie weiß um die Heilkräfte der Pflanzen und hilft Schmerzen zu lindern. Zudem war sie die Göttin der Inspiration und der Schmiedekunst. Aus diesem Grund steht sie mit dem Element Feuer in Verbindung.

Bixia Yüanchün: Chinesische Geburts- und Schwangerschaftsgöttin. Sie wird mit Kuan Yin verglichen, da sie ein offenes Ohr für die Nöte der Frauen hat. Sie beschert Kindersegen und mit ihren sechs ebenfalls göttlichen Helferinnen nimmt sie an jeder Geburt teil. Jede Mutter mit ihrem Neugeborenen wird von ihr gesegnet und beschützt.

Coventina: Keltische Göttin des fließenden Wassers. Sie wurde als Heilkundige angebetet, sowie es heute die Christen bei Maria tun.

Eir: Nordische Göttin, deren Name „Beste Ärztin“ bedeutet. Wer auf ihren Berg Lyfjaberg (Heilung) stieg, wurde mit Gesundheit gesegnet. Meinen Quellen zufolge, galt das nur für Frauen. Außerdem gilt sie als Heilerin als Aspekt der Muttergöttin Frigg.

Ganga: Die Große indische Göttin des Flusses Ganges. In ihm reinigen sich jeden Tag die Hindus, um u.a. Gesundheit und Fruchtbarkeit zu erbitten.

Glispa: Nordamerikanische Heldengöttin der Navajo. Sie bringt den „heilenden Gesang“ der Schönheit. Heilungszeremonien dauern vier Tage.

Groa: Altnordische Göttin des Heilens und des Zauberns, auch des Verwünschens.

Gula: Babylonische Göttin der Heilung. Sie ist eine große Zauberin, die Krankheiten heilte, aber auch bringt.

Hekate: Griechische Göttin der Unterwelt. Sie hilft bei Wechseljahrbeschwerden und hilft dabei, das Älterwerden anzunehmen.

Hygieia: Griechische Göttin der Heilung. Ihr Stab mit der Schlange ist heute das Symbol für Hygiene.

Isis: Ägyptische Göttin der Gesundheit. Ihre Geschichte zeigt, wie heilend Liebe sein kann. Sie setzte ihren zerstückelten Ehemann und Bruder wieder zusammen und hauchte ihm das Leben ein. Bis ins germanische Mainz wurde Isis verehrt und wird dort auch mit Puppenmagie in Verbindung gebracht. Sie wird vor allem gerufen, wenn es um gebrochene Herzen geht, aber auch bei körperlichen Beschwerden.

Kamrusepas: Hethitische Göttin der heilenden Zauberkünste. Sie ist des Heilens durch Gesang und rituelle Reinigung bekannt.

Kongsim: Koreanische Göttin, die die Selbstheilungskräfte anregt.

Kuan Yin: Chinesische Göttin der Barmherzigkeit, des Mitgefühls und der Heilung. Sie heilt die Menschen, die körperlich und seelisch erkrankt sind. Außerdem steht sie Müttern und Kindern bei.

Madame Brigit: Die haitianische Voodoo Göttin der Heilung. Sie entstand aus der keltischen Göttin Brigid. Sie heilt die Menschen, die auf Grund einer magischen Erkrankung sonst sterben würden. Dabei schickt sie den Fluch zurück, damit der ursprüngliche Absender einen Geschmack von seinem schlechten Handeln bekommt. Außerdem beschützt sie mit viel Kraft ihre „Kinder“.

Mawu: Afrikanische Göttin der Fruchtbarkeit und der Kinder.

Meditrina: Römische Entsprechung der Hygieia.

Minerva: Römische Göttin der Heilung durch Hausmittel. Sie war auch bekannt als Minerva Medica, die auch von den Kelten sehr verehrt wurde.

Morgaine: Walische Göttin der Heilung und der Kunst. Sie war unsterblich und lebte auf Avalon. In anderen Mythen ist sie die Schwester von König Arthus.

Oshun: Brasilianische Göttin des lebensspendenden Wassers. Sie steht auch für die Liebe, Schönheit und Flirt.

Oya: Brasilianische Göttin der Kraft, der weiblichen Führerschaft und Macht. Sie ist die Göttin des Tanzes und sie bezwingt die Geister der Toten. Sie ist die Meisterin der Winde, des Atems und der Worte. Bitte sie um die richtigen Worte zur richtigen Zeit. Als Feuergöttin gibt sie die Kraft zur Transformation.

Shatagat: Ugaritische Göttin der Heilung. Mit ihren Fähigkeiten kann sie sogar den Tod besiegen. Ugarit war ein Stadtstaat in der Nähe der Hafenstadt Latakia im heutigen Syrien.

Teteu Innan: Aztekische Göttin der Heilung und Geburt.

Tlitcaplitana: Nordamerikanische Göttin der Gesundheit und der Zauberkräfte. Sie brachte den Bellacoola Indianern Heilung.

Tu-Njami: Sibirische Göttin der Heilung und der Geburten. Sie setzt sich unermüdlich für Reinigung und das Beenden von Krankheiten ein.

Umaj: Sibirische Göttin der Geburt. Sie beschützt auch die Neugeborenen.

Vila: Weibliche Waldgeister der osteuropäischen Völker, die die Tiere und Pflanzen beschützen. Sie bestraften Jäger, die ein Tier unrechtmäßig töteten, in dem sie ihn töteten, ihm das Herz brachen oder ihn verstümmelten. Sie sind Shapeshifter und können sich in Falke, Pferd, Schlange oder Schwan verwandeln. Sie kennen alle Geheimnisse des Heilens.
Sie teilen ihre Heilkünste nur mit den Frauen, die Blutsschwesternschaft mit ihnen eingingen. Das Ritual sieht vor, dass die Frau zu Vollmond in den Wald geht, einen Kreis zieht, Pferdehaare, einen Huf und ein paar Pferdeäpfel in den Kreis legt. Dann stellt sich die Frau mit dem rechten Fuß auf den Pferdehuf und ruft die Waldgeister.

Yemana: Kubanische Göttin der Fruchtbarkeit und Mutterschaft. Sie ist eine Meeresgöttin, deren Symbole Muscheln und Perlen sind. Muscheln stehen u.a. für sexuelle und mystische Kräfte. Sie hilft bei Kinderwünschen und bei Empfängnisschwierigkeiten.

Anhang 4: Für angehende Heilerinnen und Heiler

Gesetzeslage in Deutschland

An dieser Stelle möchte ich darauf aufmerksam machen, wie die Gesetze in Deutschland zurzeit (2009) dazu aussehen (für andere deutschsprachige Länder wie Schweiz und Österreich bitte nach den dort gültigen Gesetzen schauen):

- Wer die Selbstheilungskräfte des Patienten durch Handauflegen, Rituale, Gebete, Gesänge und Seelsorge aktiviert und dabei keine Diagnosen stellt, benötigt keine Heilpraktikererlaubnis (2.3.2004 AZ: 1 BvR 784/03).
- Als Geistheilerin solltest du nicht das Wort „Behandlung", sondern „Anwendung" verwenden.
- Als Heilerin darfst du keine Diagnosen stellen. Anwendungen sollten möglichst nur nach ärztlicher bzw. heilpraktischer Diagnose erfolgen, d. h. ich mache nur Anwendungen für jemanden, der sich neben ärztlicher Behandlung zur Unterstützung auch spirituelle Heilung wünscht. Außerdem bist du in diesem Punkt auf der sicheren Seite, was ansteckende Krankheiten angeht (z. B. Aids oder Viruserkrankungen).
- Du darfst niemals jemanden auffordern, ärztliche Behandlungen abzubrechen – wenn der Patient sich äußert, dass er sich bei seinem jetzigen Arzt nicht wohlfühlt, kannst du ihm empfehlen, sich an einen anderen Arzt oder Heilpraktiker zu wenden, um sich eine zweite Meinung zu holen.
- Du darfst keine Heilmittel verordnen, auch keine Bachblüten oder Kräuter etc.
- Du darfst keine Heilung versprechen, sondern sag deinem Patienten, dass du durch deine Anwendung seine körpereigenen Selbstheilungskräfte anregst.
- Es darf keine Werbung mit Krankengeschichten oder rituellen Gegenständen, die Heilung versprechen, gemacht werden.
- Für Fernbehandlungen darfst du kein Geld verlangen, das ist gesetzlich verboten. Auch die Aufforderung für eine Spende ist nicht gestattet. Wenn jemand etwas Gutes nach deiner Behandlung tun möchte, kann er oder sie einem gemeinnützigen Verein seiner Wahl etwas zukommen lassen.

Merkblatt für Hilfesuchende oder Patienten

Wenn du für eine Person eine Anwendung machst, dann lasse dir ein Merkblatt unterschreiben, das ungefähr folgende Worte beinhalten sollte:

Hiermit bestätige ich, ______________________ folgende Informationen erhalten, gelesen und verstanden zu haben:

Geistiges Heilen dient der Aktivierung der Selbstheilungskräfte und ersetzt nicht die Diagnose oder Behandlung beim Arzt oder Heilpraktiker.

Für Diagnosen und Heilmittelverschreibungen muss ich einen Arzt oder einen Heilpraktiker aufsuchen.

Ich habe die Information erhalten, dass eine Verbesserung meines körperlichen, geistigen und seelischen Befindens ein Engagement meinerseits erfordert, und dass es in meiner Hand liegt, meinen Lebensstil so anzupassen, dass es mir schnell wieder besser geht.

Mit meiner Unterschrift bestätige ich den Erhalt dieser Hinweise vor Beginn der Behandlung.

Ort, Datum ***Unterschrift des Patienten***
(bei Minderjährigen Unterschrift der Eltern)

____

Händige deinem Patienten davon bitte eine Kopie aus.

Hinweise für Heilerinnen und Heiler in eigener Sache

Weitere Punkte wären, um sich klarzumachen, welche Verantwortung du übernimmst, wenn du jemanden helfen möchtest:

- Du kannst nur wirksam heilen, wenn du selbst gesund bist und nicht betroffen bist. D. h. wenn du oder jemand, den du sehr liebst, schwerkrank ist, kannst du einen Heilaltar aufbauen und beten, aber alle anderen spirituellen Heilmethoden sollten möglichst andere übernehmen. Im Falle eines schwer- oder todkranken Familienmitgliedes (dazu zähle ich auch dein geliebtes Haustier) bitte dabei auch um Hilfe für dich selbst, damit du dem Kranken auch beistehen kannst und genug Energien hast, um das eigene Immunsystem zu stärken. Häufig muss man in solchen Situationen viele Aufgaben übernehmen, die dich überfordern könnten.
- Wenn ein naher Verwandter pflegebedürftig wird, kannst du seelisch erkranken. Auch eine Heilerin kann krank werden, da darfst du dir keine falschen Hoffnungen machen. Du bist auch nur ein Mensch und musst nicht, nur weil du Hexe oder Heilerin bist, immer die Strahlefrau sein.
- Bevor du anderen Menschen hilfst, solltest du dich selbst geheilt haben und wissen, wie du dir selbst helfen kannst. Die Methoden dazu stehen in diesem Buch, letztendlich sind es die gleichen, mit denen du anderen helfen kannst. Auch wenn du zornig, müde oder unausgeschlafen bist, ist es besser auf eine Anwendung zu verzichten, sondern du solltest dich dann erst mal um dich selbst kümmern.
- Heile niemanden, der nicht darum gebeten hat. Wenn jemand wirklich an seiner Heilung interessiert ist und spirituellen Beistand braucht, wird er sich an dich wenden. Alles andere ist Energieverschwendung. Dränge dich auch nicht auf, sondern sage, dass du für ihn oder sie da bist (wenn es sich z. B. um jemand aus dem Bekanntenkreis handelt)[103].
- Wenn du spürst, dass du bei einem Patienten nicht weiterkommst, sage ihm das. Damit hilfst du ihm mehr, als wenn du einfach nur so weiter herumzauberst. Du wirst manchmal erkennen müssen, dass man einigen

---

103 In dem Buch von Gala Naumova „Sibirische Heilgeheimnisse" sagt auf Seite 146 eine junge Schamanin folgendes zu diesem Thema:
„Meine Heilung wird auf geistiger Ebene vollzogen. … Ich habe kein Recht, ohne die wirkliche Zustimmung des Menschen in seine innere Welt hineinzublicken. Wenn der Mensch zum zweiten Mal kommt, beginne ich mich ihm langsam und vorsichtig zu nähern. Ich weiß, wenn dieser Mensch über Vertrauen verfügt, wird er sich selbst heilen können. … Dann sage ich zu ihm: Bedanken Sie sich bei sich selbst, Sie haben sich selbst gerettet.
Ich versuche es zu vermeiden, die Menschen mit meiner eigenen Kraft zu heilen, da ich mich nicht einmischen darf. Jeder Mensch hat seinen eigenen Weg."

Menschen nicht helfen kann (z. B. weil die Krankheit einfach zu weit fortgeschritten ist) oder weil sich jemand weigert, Veränderungen anzunehmen, um gesund zu werden.

- Wenn du merkst, dass eine Behandlung dich überfordert, halte immer eine Telefonliste[104] bereit. Wenn du keine ausgebildete Heilpraktikerin oder Ärztin bist, solltest du die Patientin an andere Stellen verweisen können.
- Missioniere nicht für deinen Glauben. Unterstütze den Patienten in seinem Glauben. Auch wenn du kein Fan von Engeln, Jesus und Maria bist, lerne tolerant zu sein. Der Glaube heilt und da wir in einer christlichen Gesellschaft leben, ist es wichtig, allen Menschen gerecht zu werden.

Noch ein paar Hinweise:

- Wenn du eine Anwendung machen möchtest, dann frage bitte vorher, ob du z. B. bei Reiki die Hände direkt auflegen darfst oder ob es der Person lieber ist, wenn du deine Energiearbeit in ca. 5 bis 10 cm Entfernung vom Körper machst. Viele Menschen reagieren empfindsam auf Berührungen, weil sie es nicht gewohnt sind oder weil sie sich generell nicht gerne anfassen lassen. Am bestens klärst du diesen Punkt vor einer Anwendung, damit der Patient weiß, worauf er sich einlässt.
- Fordere vor, während und nach einer Anwendung den Patienten auf, seine Gesundung mit zu unterstützen. Er könnte Atemübungen mitmachen, sich überlegen, was er/sie ändern muss, um gesund zu werden etc.
- Fordere den Patienten nach einer Anwendung dazu auf, sich mehr seinem Glauben und der Lebensfreude zu widmen. Außerdem ist es immer hilfreich, sich mit dem Universum zu verbinden. Das kann man in Form von Gebeten tun oder man gibt kleine Geschenke an die geistige Welt oder kleine Spenden. Wer möchte, kann nach seiner Genesung auch anderen Menschen und Tieren helfen. Eine andere Ernährung, viel Schlaf oder einfach mehr Bewegung sind auch eine gute Unterstützung zur Genesung. Ein Heilzauber kann sich nur erfüllen oder eine Anwendung nur erfolgreich sein, wenn der Patient im Sinne seines Körpers handelt (z. B. aufhören zu rauchen).
- Wenn jemand chronisch krank ist oder ständig unter Schmerzen leidet, kannst du ihn auch darin unterrichten, wie man sich selbst die Hände auflegt. Als Reiki-Lehrerin kannst du die Person in den 1. Grad einstimmen,

---

[104] Dazu gehören die Telefonseelsorge, Kummertelefon für Kinder und Jugendliche, Rettungsdienst 112, Polizei 110, Aidsberatung, Tierschutz, Mobbing Hotline, Giftnotruf, Suchtberatung, Frauenhaus, Krankhäuser, Kinderschutzbund (diese Telefonnummern stehen im Telefonbuch auf den ersten Seiten unter ‚Wichtige Rufnummern' und/oder Notrufnummern).

sodass sie sich erst mal selbst helfen kann oder damit deine Fernanwendungen unterstützt. Damit wäre auch Menschen geholfen, die kurz vor dem Ende ihrer Lebenszeit stehen.

- Das gleiche möchte ich auch für Tiere empfehlen. Wenn diese in den 1. Grad eingeweiht sind, können sie besser ihre Selbstheilungskräfte mobilisieren. Bei mentalen Störungen empfehle ich auch den 2. Grad.
- Wenn es möglich ist, halte immer gewissen Abstand vom Patienten ein – d. h. rede bitte möglichst nicht über eigene Probleme.
- Mache nach einer oder mehreren Behandlungen etwas Gutes für dich. Was das ist, wirst du bestimmt selbst am besten wissen. Wenn du wirklich als Heilerin arbeiten möchtest, brauchst du deine ganze Kraft und Aufmerksamkeit.
- Schweigepflicht – wir dürfen gegenüber Fremden, Verwandten und Freunden des Patienten nichts erzählen. Es sei denn, ein Angehöriger ist mitgekommen oder der Patient hat seine Zustimmung gegeben.
- Ganz wichtig ist, dass du nicht über deine Kunden urteilst, sondern ihnen mit Toleranz und Offenheit begegnest. Als Regel bedeutet das: du musst nicht alles verstehen. Reagiere neutral, so als würde dich das nichts angehen. Und genau so ist es auch: das Leben und die Lebensgestaltung von anderen Menschen geht dich nichts an: Es ist nur deine Hilfe gefragt. Wenn du allerdings das Gefühl bekommst, dass jemand sich immer nur Anwendungen geben lässt, ohne selbst an seiner Genesung mitzuarbeiten und dich energetisch aussaugt, kannst du das Ganze taktvoll und diplomatisch beenden. Es ist unsere Aufgabe, die Hilfesuchenden so schnell wie möglich auf die eigenen Beine zu stellen und sie nicht abhängig zu machen.
- Eine gute Heilerin zeigt Menschen, die sich in einer recht hoffnungslosen Lage befinden, Wege auf, die ins Licht führen. Lobe die Menschen für ihre besonderen Fähigkeiten, die sie ausleben sollten. Erinnere sie an ihren Glauben, ihre Liebe zur Natur, Musik, Malerei oder Pflanzen und Tieren.
- Du solltest gut zuhören können und Mitgefühl zeigen. Meistens gehen den Anwendungen Gespräche voraus. Sei einfach nur aufmerksam und bewerte nichts. Besser als jeder Ratschlag ist eine gezielte Frage, sodass sich der Patient mit sich selbst auseinandersetzen muss.
- Zeige keine Langeweile, sondern Gelassenheit und Stärke.
- Wenn du krank bist, und das kann dir als Heilerin durchaus auch passieren, wende deine eigenen Ratschläge an und/oder gehe zu einer anderen Heilerin oder einem Arzt.

Das liebe Geld

Eine magische Technik zu erlernen, um damit in erster Linie Geld zu verdienen, ist eine denkbar ungünstige Voraussetzung für eine Heilerin. Andere zu heilen ist keine Gelddruckmaschine, sondern eine Berufung.
Außerdem ist jede magische Technik in erster Linie ein Weg der Selbsterfahrung und es muss von Herzen kommen, wenn man anderen helfen möchte.
Der Druck des Geldverdienens – magische Techniken werden gerne als Altersvorsorge betrachtet – ist der falsche Weg. Das führt zu Stress, wenn man mit Heilanwendungen seinen Lebensunterhalt bestreiten will. Es ist wichtig, ein anderes finanzielles Standbein zu haben, um auch wirklich Magie spüren, erfahren und weitergeben zu können.
Von Familienmitgliedern, Freundinnen und Freunden, für Tiere und Kinder nehme ich grundsätzlich kein Geld. Da bekomme ich als Dankeschön mal ein Buch oder eine CD, ein Blumenstrauß, eine Kartenlegung oder ein Sprudelbad.
Für mich persönlich habe ich festgestellt, dass die Energien besser fließen, wenn ich ohne Geldforderungen arbeite.
Natürlich verurteile ich niemanden, wenn sie oder er Geld mit seinen Fähigkeiten verdienen möchte. Von fremden Personen erwarte ich auch einen Betrag, aber dann stellt sich auch die Frage, nach der Höhe.
Ich glaube, dass du das mit dir selbst ausmachen musst. Bedenke, wenn du davon leben möchtest[105], bleibt dir von dem Betrag, den du von deinem Patienten erhältst, ca. ²/₃ bis ½ nach Abzug der Steuern, Krankenkasse etc. übrig.
Der Dachverband für Geistiges Heilen empfiehlt nicht über einen Stundensatz von 80,- € hinauszugehen.

[105] Da die meisten von uns aber heutzutage in Städten leben und wir Geld für unseren Lebensunterhalt benötigen, muss man Geld nehmen. Geld stinkt nicht, meinte neulich meine Freundin, als wir über dieses Thema diskutierten.

Quellenangaben

Bücher

Cunningham, Scott “Enzyklopädie der magischen Kräuter”, Schirner Verlag, Darmstadt, 1. Auflage 2006

Cunningham, Scott „Das große Buch von Weihrauch, Aromaölen und magischen Rezepturen, Goldmann Verlag, München, 1. Auflage 2001

Abraham, Hartwig und Inge Thinnes „Hexenkraut und Zauberkraut“, Verlag Urs Freund GmbH, Greifenberg, 3. Auflage 1997

Kraus, Michael „Ätherische Öle für Körper, Geist und Seele“, Verlag Simon & Wahl Gaimersheim, 22.-33. Tausend, Februar 1992

Madden, Kristin „Shamanic guide to death and dying“, Llewellyn Publications, St. Paul, 1. Auflage 1999

Mails, Thomas E. “Fools Crow – Wisdom and Power”, Council Oak Books, Tulsa Oklahoma, 1991

Monaghan, Patricia: „Lexikon der Göttinnen“, 1. Auflage der Sonderausgabe, Otto Wilhelm Barth Verlag, 1999

Nöcker, Rose-Marie „Heilerde“, Heyne Verlag München, 2. Auflage 1989

Norderney, Nerthus von „Puppenmagie“, Bohmeier Verlag Leipzig, 1. Auflage 2006

Norderney, Nerthus von „Shapeshifting“, Bohmeier Verlag Leipzig, 1. Auflage 2008

Norderney, Nerthus von “Nerthus´ Buch der Schatten“, 1. Auflage 2002, Bohmeier Verlag, Lübeck

Norderney, Nerthus von “Nordische Magie“, 1. Auflage 2006, Bohmeier Verlag, Leipzig

Riva, Anna „Golden Secrets of Mystic Oils“, Revised Edition, International Imports, Los Angeles 1990

Schenk, Amélie „Der Gesang des Himmels: Galbe – Schamanin des Altai“, O.W. Barth Verlag, Frankfurt, 1. Auflage 2006

Schüler Duden „Die Religionen“, korrigierter Nachdruck 1980

Seitz, Anand Kaur „Kundalini Yoga“, Rowohlt Taschenbuch Verlag, Hamburg, 3. Auflage 2004

Storl, Wolf-Dieter „Der Bär – Krafttier der Schamanen und Heiler“, AT Verlag Baden und München, 3. Auflage 2009

Yamaguchi, Tadao „Jikiden Reiki“ Windpferd Verlag, Aitrang, 1. Auflage 2006

Yronwode, Catherine „Hoodoo Herb and Root Magic“, Lucky Mojo Curio Company 2002, Forestville, California

Energiesysteme

Jordan, Pamela, Ama Deus Shamanic Healing, 2003

Köster, Peter, Reiki 1-3, Forschungspraxis für Geistige Heilweisen, Astrologie und Reinkarnationstherapien, Henstedt-Ulzburg, 2005

DVD

„All is made beautiful – Native American Traditions with Warrior Woman Oh Shinnah Fast Wolf " ein Film von Bettina M. Gordon, Valley Entertainment, New York 2008– diese DVD ist zurzeit nur in den Staaten[106] erhältlich.

CDs

Diese Musik beflügelt mich bei Heilungen und inspirierte mich auch beim Schreiben dieses Buches. Sie hat mich auch wieder dazu gebracht, meine eigene Musikalität wieder zu entdecken. Ich habe mir sogar eine indianische Flöte gekauft und lerne nun, darauf zu spielen.

Darum gilt mein herzlichster Dank den folgenden Künstlern:
Robert Mirabal – Music from a Painted Cave.
Robert Mirabal als Johnny Whitehorse – Johnny Whitehorse.
Robert Mirabal und Bill Miller – Native Suite.
Jana Mashonee – American Indian Story.
Bill Miller – Spirit Rain.
Bill Miller – Healing Waters.
Bill Miller – Ghostdance.
Shelley Morningsong – Out of the Ashes.
Black Eagle – Star Child.
Von Robert Mirabal und Jana Mashonee kann man schöne Videos auf www.youtube.com sehen.

Webadressen

Alles für die Hex´: www.avilion.de und www.magicshop-online.de
Ma´heo´o Reiki www.maheooreiki.com
Mongolischer Kehlkopfgesang www.hosoo.de

---

106 Diese DVD hat NTSC Fernsehformat (wir haben PAL). So ist sie nur auf wenigen DVD Playern abspielbar.

Nachwort

Im Laufe der vielen Jahre des Experimentierens, Heilens und magischen Arbeitens ist dieses Buch nun die Essenz meines heilerisch-magischen Wirkens.
Dabei ist mir aufgefallen, dass wir so viel Gutes für uns selbst, für die, die wir lieben oder die uns um Hilfe bitten und für Mutter Erde tun können. Mit ganz einfachen Mitteln kann jeder Mensch dafür sorgen, dass es ihm gut geht. Und wenn dann doch mal eine Phase der Krankheit oder Trauer über uns hereinbricht, dann wissen wir, was wir tun können.
Dazu soll dieses Buch beitragen, in dem ich all mein Wissen mit dir teile.
Ich wünsche mir so sehr, dass die Menschen wieder zu den Dingen zurückkehren, in denen sie Erfüllung, Liebe und Glück finden. Das geht mit einfachsten Ritualen, um sich selbst mit der Kraft von Mutter Erde zu verbinden oder um einfach nur mal zu spüren, was es wirklich bedeutet, ein Mensch zu sein.
Gesang, Tanz, Musik, Kunst, Schlaf, Träume, Lachen und die Verbindung zum Göttlichen sind die Dinge, die uns heilen und uns erfüllen.
Mögest auch du deine Begabung ausleben…

Kurzbiografie der Autorin:

Nerthus von Norderney ist freie Usui Reiki und registrierte Ma`heo`o Reiki-Meisterin und Lehrerin.
Sie lebt, tanzt und ruft die Geister unter dem Vollmond, sei es an der Nordsee, an den Externsteinen, in den Rheinauen oder in der Haard. Seit vielen Jahren entdeckt und wiederbelebt sie das Alte Wissen.
Auf ihrer Homepage findest du weitere Informationen: www.ouija.de

Danksagung

Ich möchte mich ganz herzlich bei allen bedanken, die mich während des Schreibens unterstützt haben:
Bei meiner Verlegerin Johanna Bohmeier für ihre guten Tipps und die Veröffentlichung dieses Buches, bei meinem Mann Ralf für seine Geduld bei meiner „Nicht-Anwesenheit“ (er fragte mich ab und zu, an was denkst du gerade? *An die Arbeit*) und meine Tagträumerei, bei Brigitte Patzelt für das wundervolle Bild, das mein Zimmer und nun auch dieses Buch schmückt, bei Petra Träger vom Magic Shop für ihre Ausführungen zum Thema Öle und but last, not least bei meinen Katern Merlin und Tom, die mir auch immer dann ihre unerschütterliche Liebe zeigen, wenn ich mal gerade keine Zeit für sie habe.

Für euch und allen Leserinnen und Lesern:
Möge der Segen der Göttin mit Euch sein.
Blessed be.